甲州街道てくてく歩き

山本　理

東京図書出版

❖甲州街道概略図

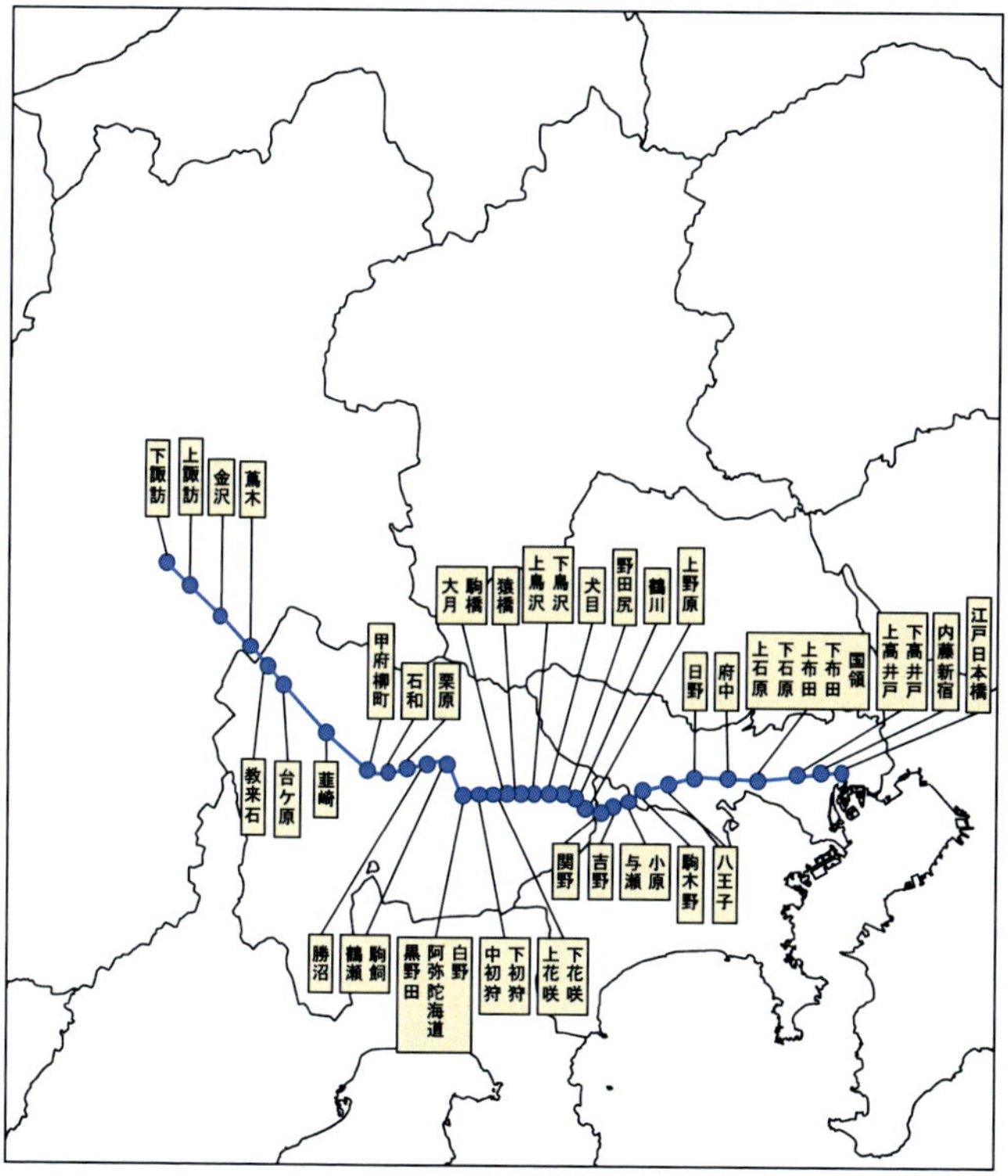

江戸日本橋
内藤新宿
下高井戸
上高井戸
国領
下布田
上布田
下石原
上石原
府中
日野
八王子
駒木野
小原
与瀬
吉野
関野
上野原
鶴川
野田尻
犬目
下鳥沢
上鳥沢
猿橋
駒橋
大月
下花咲
上花咲
下初狩
中初狩
白野
阿弥陀海道
黒野田
駒飼
鶴瀬
勝沼
栗原
石和
甲府柳町
韮崎
台ケ原
教来石
蔦木
金沢
上諏訪
下諏訪

まえがき

歴史探訪の旅は、古今東西の観光旅行の形態としてよく見られる。史跡見学、例えば古い寺院や城跡は個人旅行・団体旅行を問わず人気の訪問先であるし、かくいう私も好きだ。もう少し凝り性の人は、古戦場の山城の跡へ上り、古道歩きと称してハイキングとも登山ともつかぬ事をする。熊野古道巡りや四国八十八カ所巡りのお遍路さんは代表的なものだろう。

昨年の夏、私はふとした思い付きで東海道五十三次を歩き始めた。一年間掛けて江戸日本橋から京都三条大橋まで歩き通してみたが、その道中で同じことをしている人を何人も見かけた。交通機関が発達した現代に於いて、東京から京都まで500㎞を歩く人なんて余程の変わり者しかいないだろうと思ったが、世の中その変わり者が結構いるようである。

しかし東海道は距離が長く、東京二十三区西部にある我が家を

往時の雰囲気が残る、甲州街道の宿場町（台ケ原宿）

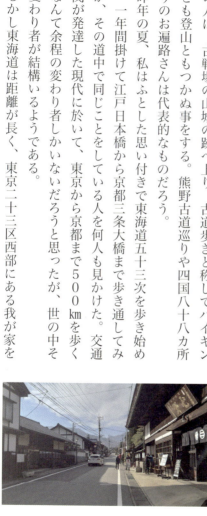

拠点に何回かに分けて歩こうとすると、道を進むにつれてお手軽に出掛けられなくなってきた。何度も新幹線を使って現地を往復し、泊まり掛けで出かける日程を調整し、宿泊先を調べ、天気予報を調べる等々、旅の計画に非常に手間が掛かるようになってきた。のんびり歩く旅を楽しむ筈が、いつの間にか歩く旅に出ることそのものが義務化してきたのは、凝り性の悪しき点である。

東海道五十三次の旅を歩き終えた私は、しばらくするとまたどこかの道を歩きに行きたくなった。しかしあまり遠いと面倒なので、お手軽に行ける道を選びたい。江戸時代の五街道を改めて見ていて格好の道を見つけた。「甲州街道」である。距離は200㎞余りで、二十三区西部の我が家からは日帰りでアプローチ出来る。そんなお手軽な気持ちで「甲州街道を歩いて辿る旅」を始めることになった。

歩き旅の醍醐味の一つは自然とのふれあい

甲州街道について

甲州街道は江戸時代の五街道の一つ。江戸から甲府を経て下諏訪までの道程で、下諏訪で中山道と合流する。江戸時代の正式名称は「甲州道中四十四次」と言い、「甲州街道」と名付けたのは明治新政府だそうだ。徳川幕府の定めた名称を嫌ったためと伝わる。

徳川家がこの道を整備したのは、江戸城が危機に陥った際にこの道を使って甲府城に逃れ、甲府及び富士川舟運で繋がっている駿河を拠点に防衛戦を繰り広げる構想だったからという。当時の東国における反徳川勢力や潜在的な敵と言える大大名は、上杉家、前田家、真田家、伊達家など、いずれも北から江戸を攻めてくることが予想される。西への避難路を整備した上で、江戸を脱出する沿道を親徳川勢力で固めるのは非常に理にかなっている。

一方で甲州道中は参勤交代にはあまり用いられていない。甲府城には徳川親藩、後には譜代の柳沢吉保《よしやす》が入り、その後は幕府領

甲府城の石垣と、復元された鉄門（くろがねもん）

となっていたので、参勤交代とはほぼ無縁である。利用したのは高遠藩、飯田藩、諏訪藩といった徳川譜代のみで、幕府の江戸防衛政策の要である甲府には、親徳川ではない余所者を通させたくなかったのだろう。そのためか甲州道中の各宿場は規模が小さなものが多く、あまり有名ではない。

沿道の史跡というと、山梨県に入ると武田氏にまつわる史跡が多いが、江戸時代の有名な史跡は甲府城くらいであり、街道を行き来した歴史上の重要人物というのもあまり聞かない。しかし調べている内に、とある有名人物が甲州道中を行き来していたことが分かった。新選組の近藤勇と土方《ひじかた》歳三である。

この二人は多摩の農家出身で、江戸にある試衛館《しえいかん》道場より、門下生であり日野宿名主である佐藤彦五郎の道場に赴いて稽古をつけるため、江戸と日野を往復していた。更には鳥羽伏見の戦いに敗れて江戸に戻った後、幕府から甲府城を押さえるように命じられ、甲陽鎮撫隊《こうようちんぶたい》を結成し甲州道中を西へと向かっている。今回の旅は、近藤勇、土方歳三も歩いた歴史の道を辿ってみたいと思う。

近藤勇座像
（上石原・西光寺）

甲州街道てくてく歩き ◇ 目次

第一章

甲州街道てくてく歩き

一日目　2022年9月3日㈯

行程：江戸日本橋〜1内藤新宿〜2下高井戸宿〜3上高井戸宿〜4国領宿〜5下布田宿〜6上布田宿〜7下石原宿〜8上石原宿〜9府中宿〜10日野宿

江戸日本橋から内藤新宿へ

甲州街道の出発地点は江戸・日本橋。江戸幕府が五街道を整備して以来、日本橋は日本の街道の起点であり、現代では国道1号線・4号線・6号線・14号線・15号線・17号線・20号線の起点である。私が歩く甲州街道は国道20号線で、全国的に有名ではないが、東京西部や山梨県在住の方には馴染み深い。

日本橋を朝7時に出発する。この時間帯の日本橋は人通りが少

朝の日本橋を出発

ないが、これからサイクリングの旅に出るらしい自転車乗りが二組ばかり記念撮影をしていた。彼らが出発した後、私もスマホを取り出して写真を撮る。

日本橋交差点で東海道から分かれ、東京駅に向かう。地下街に入って八重洲北口から丸の内北口に向かい、再び地上に出て和田倉門で皇居外苑に出る。皇居外苑はランナーの聖地として有名な場所で、一周がちょうど5㎞、30分程で走れる。土曜日の朝とくれば格好のランニングの時間帯であり、歩いている人は少ないがランナーが多い。皇居外苑ランニングは反時計回りがルールだが、旧甲州街道は時計回りに進むことになる。二重橋前、日比谷、桜田門と大量のランナーとすれ違いながら進み、桜田門から半蔵門に向かってお濠端を上る。日比谷付近の標高は4m程度、半蔵門は30m以上なので、それなりの上り坂である。

半蔵門は非常に大きな土手の上にあり、土橋で外に繋がっている。江戸城の緊急脱出路なのであえて木橋ではなく土橋なのだろう。半蔵門から四ツ谷駅までは尾根状の麹町台地を進む。半蔵門

皇居のお濠端を上って行く

には服部半蔵率いる伊賀衆の警護隊を配置し、緊急脱出路左手の紀尾井町は親藩の紀伊藩・尾張藩と譜代井伊家の彦根藩、右手（番町、一番町から六番町まであった）は直属の旗本で固めており、鉄壁の防御態勢を敷いている。

四谷見附橋で中央線四ツ谷駅の上を渡る。大正二年に出来た古い橋である。中央線が走っているのは昔の江戸城外濠の市谷濠と真田濠なので、単純に考えると四谷見附橋は江戸城外濠を渡る橋ということになるが、往時はここに四ツ谷門（四谷見附）があったので、このような橋ではなかったのではと思う。素人考えなので、詳しい時代考証は専門家の手に委ねたい。

国道20号線を四谷三丁目まで進み、もうしばらく進むと御苑トンネルの入口がある。この付近が四谷大木戸跡、つまり江戸の西出口であり、左手に分岐する新宿通り沿いに石碑が建っている。またここは玉川上水の終点でもあったので、水番所の跡、水道碑といった史跡が三つ、甲州街道と新宿通りに挟まれた三角形の敷地に所狭しとばかりに建っている。

四谷大木戸跡の標柱。水番所跡も同じ場所にある

内藤新宿から上高井戸宿へ

四谷大木戸からは新宿通りを進む。この辺り、新宿一丁目から三丁目が内藤新宿の宿場で、新宿三丁目交差点が内藤新宿の西口にあたる。ここは甲州街道から青梅街道が分かれるので「新宿追分」と呼ばれており、みたらし団子が有名なだんご屋さんがある。小腹が空いたし立ち寄りたいが、開店前なのでやむを得ず素通りする。

新宿三丁目交差点を左折し、御苑トンネルを抜けて来た国道20号線と合流、バスタ新宿の横を通り、新宿駅南口を陸橋で越えて、西新宿一丁目交差点に向けて下る。このルートは昔の京王線のルートとほぼ重なる、と言うと意外な感じがするが、大正四年に京王電気軌道が新宿まで開通した際は甲州街道の上を走る併用軌道で、ターミナルは新宿三丁目交差点付近の新宿追分駅、新宿駅を越える陸橋の上に停車場前駅、西新宿一丁目交差点に葵橋駅があったそうだ。現代の京王線は8～10両編成の郊外電車が行き交

内藤新宿の西口、新宿追分。甲州街道は交差点を左折する

い、甲州街道の上の併用軌道と言われても全くピンと来ないかもしれない。京王線新宿駅が新宿西口に移ったのは昭和二十年七月のことで、空襲で変電所が被災して電車が甲州街道の陸橋を上れなくなった故。その後、昭和三十八年に地下線化されて今に至る。

甲州街道の旅に戻ろう。新宿からしばらくは車通りが多い国道20号線を行く。初台まで来たところで国立劇場の構内で小休止する。日本橋を出てここまで約10㎞、2時間ちょっとで歩いて来た。

この先は道の上に首都高速4号線が覆い被さり、いよいよ車通りが激しい。あまり歩いて快適な道とは言えないが、直線なので歩行ペースは速い。並行する京王線の駅で言うと、幡ヶ谷、笹塚と進み、笹塚駅近くには笹塚の一里塚跡（江戸から三里）がある。代田橋を過ぎ、松原交差点で井の頭通り（水道道路）と交差する。交差点脇に大きな給水塔があり、すぐ傍を玉川上水の跡が通っていて、東京の水道網の要所である。京王井の頭線の上を越えるとやがて右手に明治大学和泉キャンパス。ここは江戸時代には幕府の塩硝《えんしょう》蔵地、つまり弾薬庫があり、甲州街道の軍事的重要性を

笹塚の一里塚跡。歩道脇に看板がひっそりと建っている

示す史跡である。塩硝蔵はその後陸軍省に引き継がれ、弾薬庫ともなると相当の軍事機密に属すると思いきや、京王線の明大前駅は開業当初は火薬庫前駅という駅名だったので、機密も何もあったものではない。

右手に玉川上水の跡が並行している。四谷大木戸からここまでずっと甲州道中と玉川上水は並行しているが、殆どの区間で暗渠になっていて往時の姿は望めない。玉川上水と分かれ、右手に宗源寺というお寺がある辺り、桜上水駅の近くが下高井戸宿だが、本陣跡は大通り沿いにマンションが立ち並んでいるだけで標識などは全くない。上北沢駅入口交差点の手前に下高井戸の一里塚跡(江戸から四里)の解説板が建っており、これが往時を偲ぶ唯一の痕跡となる。

道の上に被さっていた首都高速4号線が右手に分かれていき、やっと空が見えるようになった。環八通りとの交差点付近、駅で言うと八幡山駅の近くが上高井戸宿だが、ここも本陣跡などの標識はない。下高井戸宿と上高井戸宿の距離は1・6㎞程で、毎月

下高井戸宿付近。甲州街道の上には首都高速の高架

1日から15日までは下高井戸宿、16日から月末までは上高井戸が問屋業務を務めたそうだ。複数の宿場を合わせて宿場業務を行う制度を合宿《ごうしゅく》と言い、甲州道中には高井戸の他にも合宿が多い。下諏訪まで200km余りの間に四十四次、つまり宿場が44カ所もあり、平均すると約5km毎に宿場がある。

上高井戸宿から布田五ヶ宿へ

上高井戸の先で国道20号線から左に分岐して旧道に入る。車通りが減って歩きやすく、周囲を見る余裕も出て来た。道の傍らに一里塚跡の標石が置いてあり、日本橋より四里と刻んであった。場所は芦花公園駅の近く、ここまで16kmの道程を歩いてきた。

千歳烏山駅入口交差点まで来たところで、駅前に寄り道する。時間は11時過ぎ、少々早めの昼食としたい。駅前の有名な家系ラーメン屋に入ったが、四十代後半の胃袋には少々重く感じられる。我ながら歳を取ったなと、妙な形で老化を感じる。烏山区民

甲州街道旧道に分岐。左の標石は一里塚跡

センター脇の広場で食後の小休止とする。

11時30分に千歳烏山を出発。給田《きゅうでん》町交差点の先に「新一里塚」なる里程標が残っており、内藤新宿より三里と刻まれている。この辺りは世田谷区特有の御屋敷が残っており、この里程標は御屋敷の敷地内に建っていたので現代まで保存されたのだろう。史跡を維持して戴いた地主さんに感謝しないといけない。

給田付近は標高48m。江戸日本橋からずっと緩やかな坂を上ってきたが、この先に道中初めての下り坂があり、仙川の谷を越える。谷と言っても小規模なもので、再び上って国道20号線に合流する。コンビニの脇に仙川の一里塚跡（江戸から五里）の標石が建っているが、仙川駅近くの人通りが多い歩道脇にあるので、写真を撮るのも一苦労である。

国道20号線をしばらく進み、右手の急坂へと分岐する。この道は瀧坂と言って、昔は雨が降ると滝のように水が流れる難所だったそうだ。地形的には武蔵野段丘面から国分寺崖線を下りて、立川段丘面に入ったことになる。

仙川の一里塚跡（江戸から五里）。国道20号線の歩道脇にある

再び国道20号線に合流する。つつじヶ丘駅の近くだが、開業当時は金子という駅名で、甲州街道上に駅があったそうだ。昭和三十二年につつじヶ丘に改称され、付近の町名も変更されたため金子という地名は残っていない。

道は更に緩やかに下って行く。柴崎駅の横を過ぎると谷底を流れる野川を渡る。この付近の標高は約30ｍ、２㎞余りで一気に20ｍ近く下った。

国領《こくりょう》駅の近くで国道20号線から旧道へと分岐する。この道が布田《ふだ》五ヶ宿と呼ばれる合宿があった道で、いずれの宿場も大名が泊まれる本陣はなく、旅籠があるだけの小さな宿場だったそうだ。今では商店街が続く道になっており、調布と吉祥寺・三鷹・武蔵境を結ぶ小田急バスが頻繁に行き来している。

一番東寄りが国領宿で25日から月末まで、隣が下布田宿で19日から24日まで、その次が上布田宿で13日から18日までの問屋業務を担当したそうだ。上布田宿付近は京王線の調布駅前の大きな商店街になっている。時間は13時前、疲れを覚えたのと足も痛く

布田五ヶ宿の甲州街道旧道を行く

なってきたので、スーパーマーケットの脇のベンチにて少々休憩を取り、ついでに給水もする。

布田五ヶ宿から府中宿へ

10分程の休憩で体力を回復し、甲州街道の旅を再開する。道の右手に小島の一里塚跡という立派な石碑が建っている。江戸から六里目。そこから更に1㎞程行くと下石原宿で、7日から13日まで問屋業務を担当したそうだ。西調布駅入口の交差点を過ぎると上石原宿。宿場の痕跡はないが、「居酒屋　宿場」という店の看板が目に留まった。昼間なので閉まっているが、夜にはどんな雰囲気なのだろうか。沿道には「新選組局長　近藤勇生誕の地　上石原」と書かれた幟が何本か立っている。西調布駅は開業当時「上石原」という駅名だったそうで、上石原のままにしておけば町おこしがもっと出来ただろうに、残念なことである。

江戸を出発した甲陽鎮撫隊は内藤新宿で結成式・出陣式を行い、

小島の一里塚跡（江戸から六里）

近藤勇は大名駕籠に乗り、土方歳三は軍服にブーツといういで立ちでこの付近を通過したそうだ。本来は甲府に急行して城に入らないといけないのだが、近藤勇は故郷に錦を飾るパレードのようになって進軍速度は緩やかで、かつ近辺の村々から新隊員を募集するという切実な事情もあり、二日目の午後にやっと上石原を通過している。

新選組の話はこの程度にして先に進もう。右手に味の素スタジアムの大きなスタンドが見えて来た。試合かイベントがあるのだろうか、ユニフォーム姿の人がスタジアムに向かって歩いている。最寄り駅は飛《とび》田《た》給《きゅう》という珍しい駅名だが、「飛田某」という荘園領主から給された「給田地」なので飛田給と名付けられたという。

まっすぐ旧甲州街道を進む。やがて目の前に西武多摩川線の踏切が見えて来た。すぐ脇には白糸台駅と車庫が見えており、次の電車が来るまで道端で小休止する。4両編成の短い電車で、赤色や黄色の昔ながらの塗装でのんびり走っている。

時刻は14時でまだ日は高い。ちょっと足は痛いが、近藤勇も土

上石原宿の「新選組局長　近藤勇生誕の地」の幟

方歳三も江戸と日野の間を一日で歩いたのだからと、再び歩き始める。程なく東府中駅前に出た。ここで道は京王線と斜めに交差し、またこの駅から分岐する京王競馬場線が道のすぐ横を通っている。再び電車ウォッチングで小休止となる。

休んでばかりなので、そろそろ真面目に歩こう。東府中を出ると八幡町という地名になるが、この付近の八幡神社は武蔵国分八幡宮で、奈良時代から村落があったそうだ。かつてこの地に八幡前駅があったが、昭和八年に府中市に東京競馬場を誘致し、そのアクセスの関係で現在の東府中駅の位置に統合移転している。

府中宿の江戸口はこの辺りからだろうか。さらに進むとビルの一角に明治天皇行在所跡の案内板があり、ここがかつての脇本陣跡にあたる。斜向かいには大國魂《おおくにたま》神社が見えている。この神社は大化の改新で武蔵国府がこの地に置かれた際、国司が総括する社になったというから、府中の歴史は飛鳥時代まで遡る。江戸時代よりも千年も前のことになる。武蔵国分ということは現在の埼玉県・東京都・神奈川県の一部の広い範囲の政庁である。それに比

府中宿の高札場・問屋場跡。蔵造りの建物は酒屋

べると、江戸時代に甲州街道の宿場として栄えた時代は遥かに新しい出来事で、ましてや幕末の近藤勇や土方歳三が生きた時代というのは、つい昨日の出来事のようなものである。

府中市役所前の交差点まで来た。かつてこの辻には問屋場と高札場があり、高札場跡は復元されている。問屋場跡の隣の角地には中久本店という江戸時代から続く酒屋があり、立派な蔵造りの建物が建っている。今回の甲州街道の旅で初めて見る昔の建物だ。

高札場跡の少し先に番場宿跡の公園があり、水道で汗を拭いてベンチで小休止しようとしたら、足元にやぶ蚊が寄って来た。蚊に追い立てられるように府中宿を後にする。

府中宿から日野宿へ

分倍河原駅の手前で京王線と踏切で再び交差し、本宿町交差点で国道20号線に合流する。ここからは再び車通りが激しい四車線道路沿いを歩く。

番場宿跡の石碑。敷地は公園として整備されている

国立《くにたち》インター入口交差点で国道20号線は左折してバイパスに入って行くが、本来の甲州街道は直進する。道の名前は都道256号に変わったが、相変わらず四車線道路沿いの狭い歩道を進む。特段史跡はないが、時折立派な門構えの旧家の脇を通る。往時の名主さんの家だそうだ。谷保《やほ》、矢川《やがわ》とあまり変わらない景色の中を一時間余り歩く。感染予防と排ガス対策を兼ねてマスクをしているので息苦しくもある。はやく車通りが少ない道に出て、目一杯空気を吸いたい一心で歩みを進める。

国立市から立川市に入った。日野橋交差点脇のコンビニの広い駐車場にて、柵の上に腰をかけて文字通り一息つく。ここで車通りが多い四車線道路とようやくお別れとなる。日野橋交差点は五差路になっているが、一番狭い道が目指す旧甲州街道である。

住宅地の中を進み、旧甲州街道の標識を左折して坂を下る。用水路の橋を渡り、柴崎市民体育館脇を進む。やっと旧街道らしい歩きやすい道になった。新奥多摩街道と交差し、下水処理脇の道を進むと日野の渡し跡の碑が建っている。江戸初期は少し下流の

日野の渡し跡の碑

万願寺《まんがんじ》付近に渡しがあったのが、洪水被害に遭って日野に移動したそうだ。多摩川河川敷の土手を上ると見晴らしが良い。夕焼け空の下、立日橋《たっぴばし》に向かって土手を進む。立日橋の上には多摩都市モノレールが通っており、銀色とオレンジの車体が空の上を往くが如く走って行く。

多摩川を渡ると日野市に入る。渡船場跡の標識を過ぎ、川沿いに左折する多摩都市モノレールと分かれる。スポーツ公園脇を進み、突き当たりを右折する辺りが日野宿の江戸口だ。日野宿に入ると歩道が整備された二車線道路となり、のんびり歩いて宿場町を眺めるにはちょうど良い道だ。

旧日野銀行の石造りの立派な建物を眺め、もう少し行くと本日のゴールである日野宿本陣に着く。名主を務めたのは佐藤家、新選組を支えた佐藤彦五郎が道場を開き、近藤勇、土方歳三、沖田総司、井上源三郎といった天然理心流の剣士が稽古に励んだ地だ。到着時刻は17時で本日はもう見学は出来ないが、ここは以前に訪れたことがあるので、今回は門の前で写真を撮って終わりにする。

多摩川に架かる立日橋を渡る。上には多摩都市モノレール

日野宿本陣は、周辺の新選組関連史跡と合わせて見学に来ると良いだろう。東京からなら半日あれば見て回れる。

さて、江戸から日野までちょうど一日で踏破した。朝7時に出て、夕方17時着というのは理想的な行程だろうし、近藤勇や土方歳三も牛込の試衛館と日野の佐藤道場との往来では、途中で宿泊はしなかったと考えられる。しかし近藤勇率いる甲陽鎮撫隊は江戸を出て三日目の昼食を日野宿で取っており、途中の上石原宿や府中宿で歓待を受けていたとはいえ、進軍速度が遅すぎる。甲陽鎮撫隊の顛末についてはこの後も折に触れて紹介したいと思う。

日野宿本陣に到着

■本日の歩行記録

歩行距離　41・8km
歩行時間　8時間36分
平均時速　4・8km／h
（小休止・信号待ち除く）
スタート地点　標高　約3m
ゴール地点　標高　約80m
上り坂　比高差　約110m
下り坂　比高差　約30m

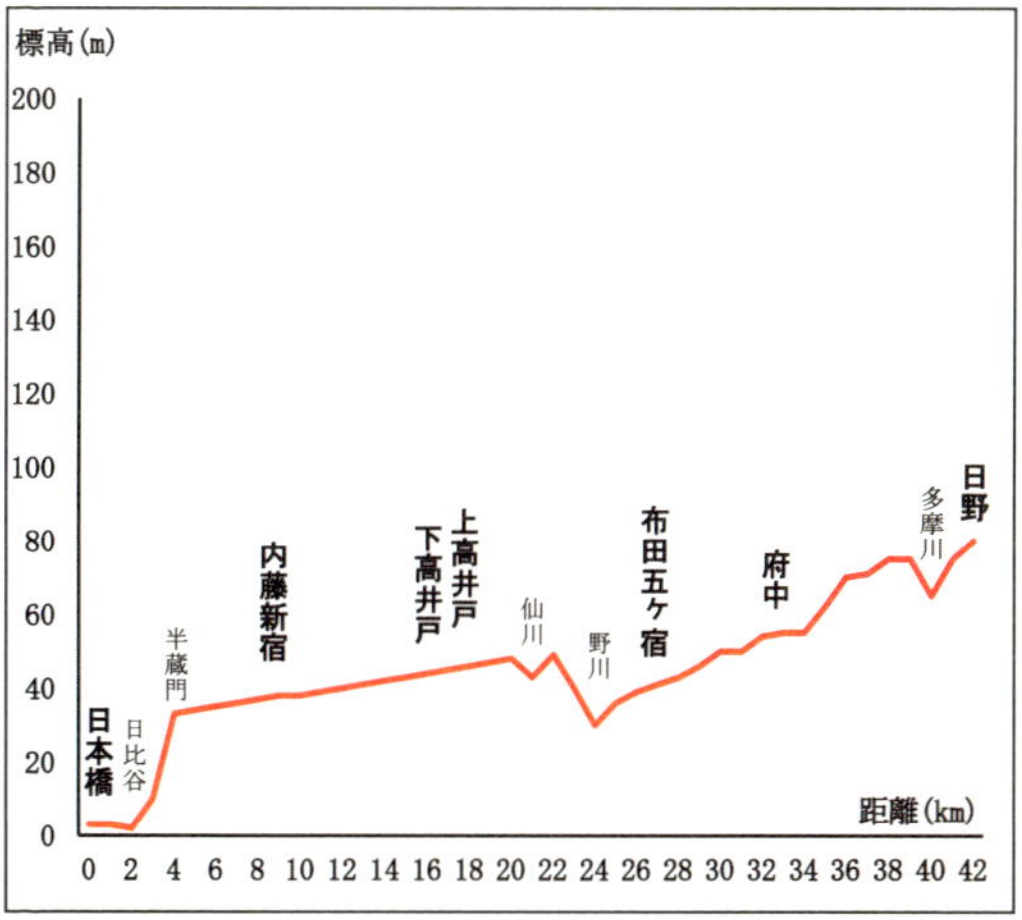

■並行する鉄道駅

日本橋～大手町（東京メトロ東西線）
大手町～二重橋前～日比谷（同、千代田線）
有楽町～桜田門～永田町～麹町（同、有楽町線）
四ツ谷～四谷三丁目～新宿御苑前～新宿三丁目（同、丸ノ内線）
新宿三丁目～新宿（都営新宿線）
新宿～初台～幡ヶ谷～笹塚～代田橋～明大前～下高井戸～桜上水～上北沢～八幡山～芦花公園～千歳烏山～仙川～つつじヶ丘～柴崎～国領～布田～調布～西調布～飛田給～武蔵野台～多磨霊園～東府中～府中～分倍河原（京王線）
分倍河原～西府～谷保～矢川～西国立（南武線）
柴崎体育館～甲州街道（多摩都市モノレール線）
計39駅区間

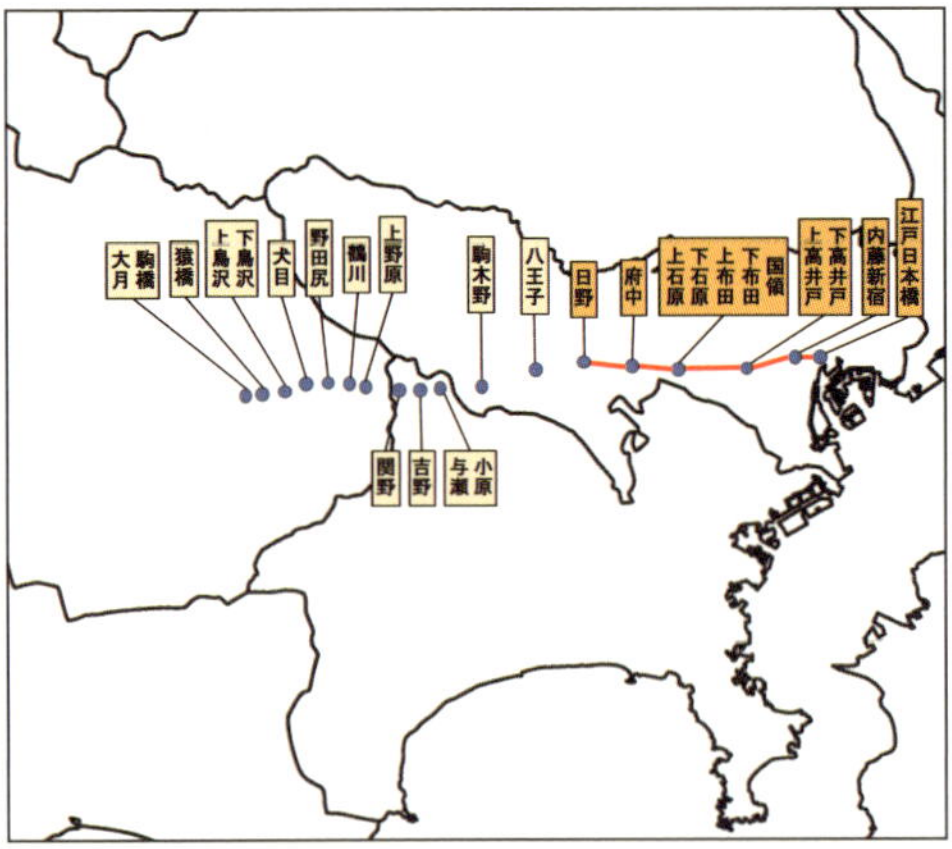

■イラストで見る宿場町

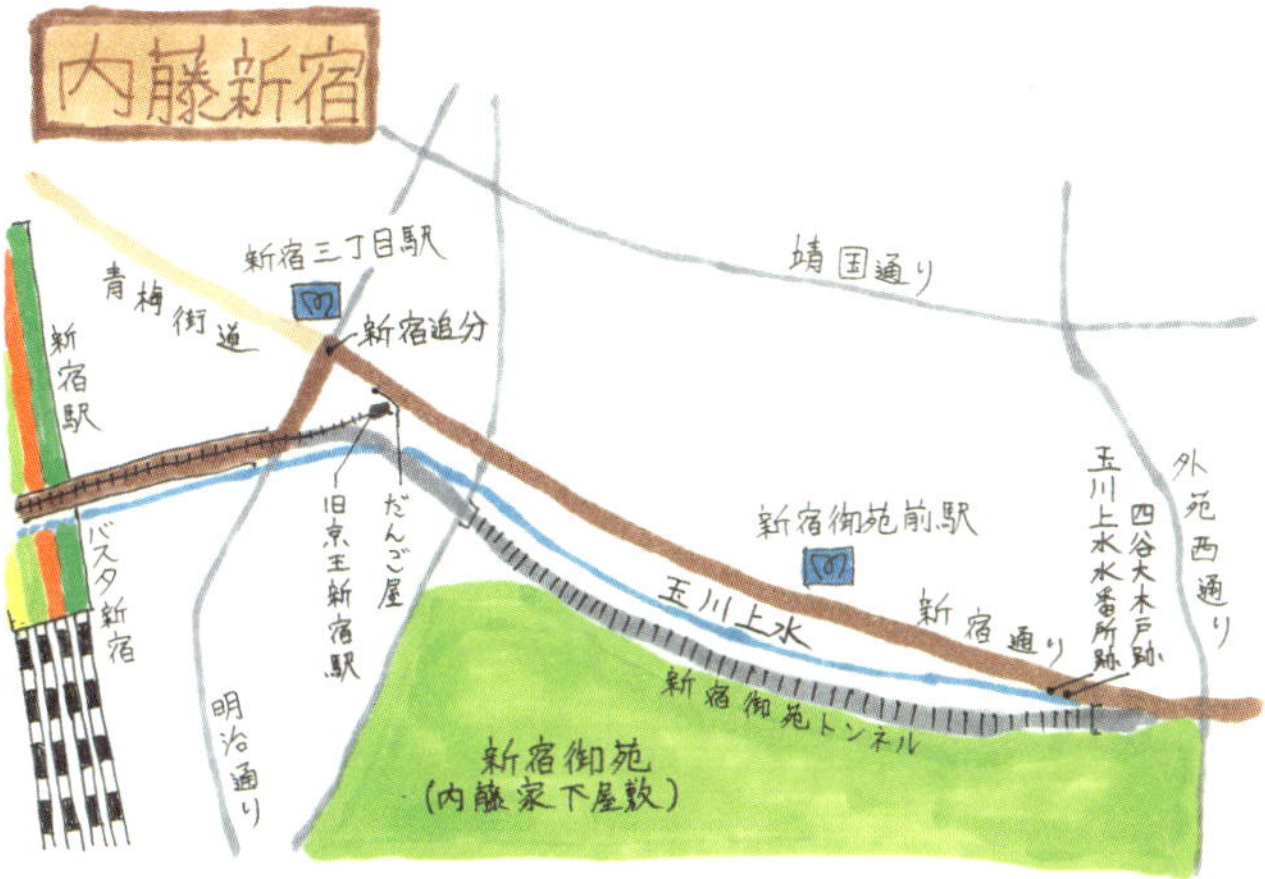
内藤新宿
新宿三丁目駅
青梅街道
新宿追分
靖国通り
新宿駅
旧京王新宿駅
だんご屋
バスタ新宿
新宿御苑前駅
玉川上水水番所跡
四谷大木戸跡
外苑西通り
玉川上水
新宿通り
新宿御苑トンネル
明治通り
新宿御苑
（内藤家下屋敷）

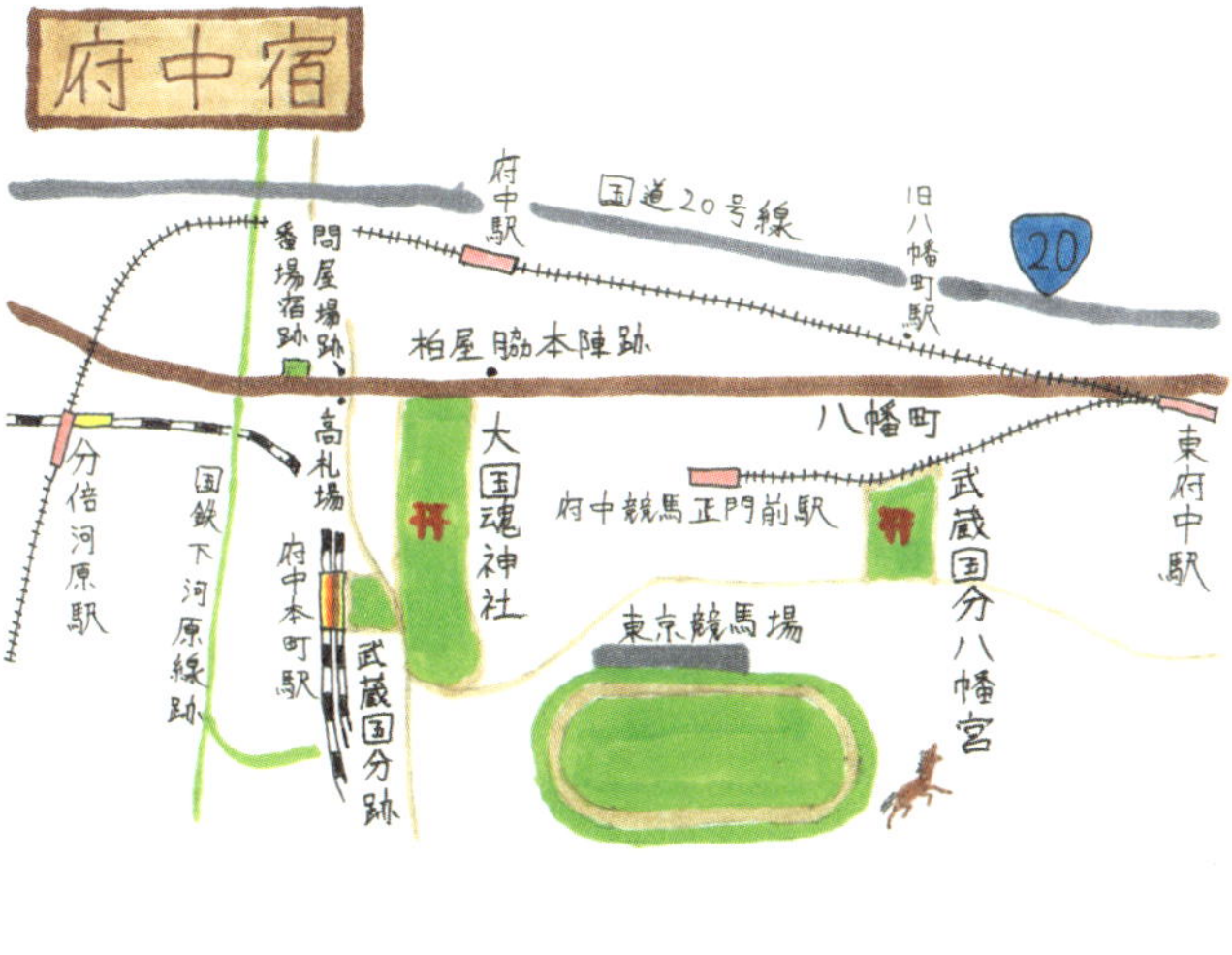
府中宿
府中駅
国道20号線
20
旧八幡町駅
問屋場跡
番場宿跡
柏屋脇本陣跡
高札場
八幡町
東府中駅
分倍河原駅
国鉄下河原線跡
府中本町駅
大国魂神社
府中競馬正門前駅
武蔵国分八幡宮
東京競馬場
武蔵国分跡

二日目　2022年9月17日㈯

行程：10日野宿〜11八王子宿〜12駒木野宿〜13小原宿〜14与瀬宿〜15吉野宿〜16関野宿

日野宿から八王子宿へ

歩き旅の朝は早い。昔の街道の旅であれば、宿場で未明に朝食を取り、夜明けとともに出発している。現代の旅はどうかといえば、家を5時前に出て、バスはまだ動いていないので中央線の駅まで30分弱歩く。この時点ですでに準備運動は完了である。日野には5時56分に着いた。多摩の農家を模したこぢんまりした駅舎だが、朝焼けの中で見るとなかなかの佇まいである。土方歳三の写真をあしらった大パネルに見送られて出発する。

日野駅を出るといきなり急坂を上る。大坂上通りというらし

日野駅構内の土方歳三大パネル

い。上り切ると日野台の台地上で、トラックメーカの工場があって、時折夜勤明けらしき方が門を出ていく。ガイドブックによると、工場の傍らに日野台の一里塚跡（江戸から十里）があるらしいのだが、それらしきものは見当たらない。

日野台が尽きると大和田坂を下る。途中で国道20号線に合流すると、途端に車通りが多くて排ガスを容赦なく浴びせられる。国道16号線の八王子バイパスをくぐり、さらに進むと浅川を渡る大和田橋に出る。この橋は太平洋戦争の空襲で被弾したそうで、着弾地点をアクリル板で保護してある。

橋を渡ると八王子の街中である。住宅地の横道に入っていくと、竹の鼻の一里塚跡（江戸から十一里）が公園として残っている。その先は枡形になっていて、左折、右折の順に曲がると大通りに出る。広い歩道がある通りを横山町、八日町、八幡町といかにも宿場町らしい地名を進む。八王子の宿場の規模は大きく、横山宿、八日市宿、八幡宿の三つの宿を合わせて八王子宿という。八王子市夢美術館の前に八日市宿跡の大きな石碑が建っていて、この辺

八王子市夢美術館前の八日市宿跡の石碑

りは八日市宿の本陣があった所だ。宿場の中心部は近代的なビルだらけだが、もう少し進むとビルに挟まれて旧家が残っている。明治時代創業のこんにゃく屋だそうだ。

追分町まで進むと道はY字路で分かれている。右は陣馬《じんば》街道、左が甲州街道。八王子千人同心と呼ばれる徳川直参の旗本はこの辺りに屋敷を構えていたそうで、陣馬街道側に記念碑と解説板がある。これも徳川家にとっての甲州街道の軍事的重要性の証しである。

しかし、八王子千人同心は甲陽鎮撫隊には非協力的だったという。関ヶ原の戦いにも出陣した、徳川家康公以来の由緒正しき直参旗本であり、東照宮がある日光の火の番や、開港した横浜の警護、更には将軍家上洛の御供に、長州出兵にと駆り出されるような幕府直属部隊である。彼らからすると、大久保大和（近藤）や内藤隼人（土方）は多摩の百姓上がりであり、従っている兵も浪人や百姓の次男坊・三男坊、更には浅草弾左衛門が統括する被差別民も加わっており、雑多な連中ということなのだろう。

八王子千人同心屋敷跡記念碑。陣馬街道との分かれ道付近

八王子宿から駒木野宿へ

追分町からは銀杏の並木道を行く。四車線の車通りが多い道でも、車道と歩道の間に並木があることで気分よく歩ける。緩やかに上りながら西八王子駅の傍を通り過ぎ、並木町まで来たところでファストフード店に入り、朝食休憩とする。日野を出てから2時間余り、10㎞近く歩いて来た。

30分程休憩して、再び甲州街道の緩い上り坂を進む。右手に多摩御陵に続く立派な参道が分かれていく。多摩御陵は大正天皇、その隣にある武蔵野陵は昭和天皇の陵墓であり、多摩・八王子は幕府だけでなく、皇室にとっても大切な場所であることを感じさせる。その先で道は国道20号線から分かれ、旧道に入る。古い家の板塀が続いて風情があり、傍らに用水路が流れているのも気持ち良い。散歩中の犬が、用水路に足を付けて水遊びをしているのが微笑ましい。

高尾駅前を過ぎると徐々に山が迫って来る。南浅川の橋を渡っ

高尾駅手前の甲州街道旧道。板塀と用水路の街並みが美しい

て中央本線をくぐると、旧甲州街道は右手の細道へと入る。国道20号線は高尾山の南側を通って大垂水《おおたるみ》峠を通るが、旧甲州街道は高尾山の北側を通って、小仏峠を越える。

上り勾配がきつくなってきた。10分程上ると小仏関所跡に着く。この関所は江戸への入り鉄砲・出女を厳しく取り締まっていた。隣の広場には甲州街道駒木野宿の大きな碑が建っている。小規模な宿場だが、街道沿いに旧家が残っていたりするので、それなりに風情がある。宿場全体は坂の途中に位置しており、平らな場所というのはあまり見当たらない。

駒木野宿から小仏峠を越えて小原宿へ

駒木野宿を出ると道は小仏川に向かって少し下る。正面の遥か上に圏央道の橋、右手の山の上には中央自動車道の橋が見えており、天空の道のような八王子ジャンクションを見上げながら進む。旧甲州街道は地上のセンターラインもない細道なので、時代が変

小仏関所跡。隣には駒木野宿の碑もある

わると道の敷設方法が全く違い、何か道というものの概念までもが違うものに思えてくる。旧甲州街道と中央自動車道の間には中央本線が通っているが、こちらは明治期の建設で、築堤の上ではあるが地に足が付いており、まだ旧甲州街道に近いものを感じる。

右手は八王子城跡の山、左手は高尾山に挟まれた谷を上って行く。狭い道だが京王バスが頻繁に行き来しており、増発便と合わせて2台運行のバスが連なって走ってくる。高尾駅と小仏バス停を結ぶ路線で、高尾山や景信山《かげのぶやま》、小仏峠をハイキングする人がたくさん乗っている。

中央本線の赤レンガのガードをくぐると小仏宿に着く。ここは本陣がない間の宿で、正式な宿場ではないので甲州道中四十四次には数えないらしい。とはいえ駒木野宿とは合宿になっており、小仏宿が月の前半、駒木野宿が月の後半の問屋業務を務めたそうだ。往時を偲ぶ建物は残っていないが、旅籠が建っていた場所の擁壁の上に明治天皇御小休所の碑がある。

小仏宿の脇で中央本線は小仏トンネルに入り、京王バスもここ

駒木野宿の街並み。遠くの頭上には八王子ジャンクション

までしか入ってこられないが、旧甲州街道はヘアピンカーブでなおも上っていく。天空を往くが如くだった中央自動車道の更に上に出ると、小さな駐車場があり、そこから先は未舗装の峠道に変わる。右手に滝があって水垢離場がある。滝に打たれて水垢離をする気はさらさらないが、急坂を上って来て上半身は汗だくなので、滝壺の冷たい水にタオルを浸して体を拭いてみる。

ここから小仏峠東坂のつづら折りの峠道を上る。ハイキングで往来する人が多く、ちょっと上ると前がつかえてしまう。駐車場から20分程で小仏峠に着いた。標高は560m、武蔵国と相模国の境であり、現在の行政区分では東京都と神奈川県の県境となる。振り返ると八王子の街並みが見える。冬場など空気が澄んでいれば都心まで見晴らしがきくのだろう。小仏峠は広場があってベンチなども置いてあり、ハイキング向けの場所と言える。ここにも明治天皇御小休所跡の立派な石碑が建っている。

小仏峠からは小原宿への下りに掛かるが、ここから先は人通りがぐっと減る。ハイキングの人は、景信山か高尾山を巡回する尾

小仏峠の上り口。この先はつづら折りの峠道

根道の方に行ってしまうのだろう。道が正しいか一瞬不安になるが、「東海自然歩道　底沢バス停・相模湖方面」の道標を頼りに小仏峠西坂を下る。整備された登山道なので非常に歩きやすく、すいすい下りて舗装道路に出る。

頭上では中央自動車道の拡幅工事を行っており、その足場で大型クレーンが動いている。大型工事車両の出入りも頻繁にあるのだろう。誘導員の方に「ご苦労様」と声を掛けながら小原宿を目指して下る。中央本線を架道橋でくぐると、橋台の脇に小原の一里塚跡（江戸から十五里）の標識があった。一里塚そのものは中央自動車道の建設に伴い消滅している。

坂を下り切って国道20号線と合流し、ここから小原《おばら》宿まで数百メートルは国道沿いに歩く。車道はひどい渋滞でスポーツカーやトラックの排気音がうるさく、小原宿に着くとホッとした。宿場入口には「小原の郷」という郷土資料館があり、休憩を兼ねて見学することにする。

小仏峠西坂を下り舗装道路に合流

小原宿から与瀬宿へ

小原宿の本陣は往時の建物が残っており、中を見学することが出来る。本陣の建物は玄関が二つあり、右側が普通の玄関、左側は立派な造りでお殿様専用となっている。我々が使うのは勿論右側の普通の玄関だ。左奥に上段の間があり、部屋の造りや装飾品から格式高い部屋であることが分かる。本陣一階は各部屋がそのまま残っており、二階は農機具や養蚕器の展示となっている。

30分の見学を終えて出発する。時刻は12時半で空腹だが、周囲にはファミレスや食堂などお店はない。菓子舗・お休み処の看板を掲げたお店が一軒あり、酒まんじゅうの幟が立っている。昔の旅人は道中こういう物をつまんで腹を満たしながら歩いたそうなので、タイムスリップ気分で酒まんじゅうを食べてみる。ほかほかの皮と甘すぎない餡のバランスが良い、美味しいまんじゅうであった。昼食はこれとペットボトル麦茶で十分である。

小原宿から次の与瀬《よせ》宿までは十九町、道程は２㎞もない。本日

小原宿本陣。右手は通常の玄関、左手はお殿様専用玄関

の行程の山場である小仏峠はもう越えたので、あとは楽な道程だと思っていたが、大いなる勘違いであった。

小原宿を出るとまず国道20号線を横切って、左手の小道を下り、広場を突っ切ると今度は上り坂となる。再び国道を横切って、山側の急坂をひいひい言いながら中央自動車道と同じ高さまで上り、住宅地を進むと今度は急坂を下る。中央本線のトンネルの上を越え、右手の石段を下りると相模湖駅が見える。更に下って国道に合流すると、そこが与瀬宿の江戸口である。

比高差にすると30～40mくらいだと思うが、玉の汗である。何故こんなアップダウンの激しい道筋を通したのかと思うが、現在国道20号線が通っているあたりは元々相模川沿いの段丘なので、昔の土木技術では水害の恐れがあって道を通せなかったのだろう。

与瀬宿は相模湖駅近くの国道沿いにある。先ほど見学した小原宿とは合宿で、与瀬宿は上りの荷物を担当し、小原を通り越して小仏宿まで運ぶという、片継の宿場業務を担ったそうだ。

激しいアップダウンの道を行く。右奥は相模湖駅の構内

与瀬宿から吉野宿へ

与瀬宿には往時の様子を偲べる建物は残ってないが、本陣跡に明治天皇興瀬御小休所阯の石碑が建っている。甲陽鎮撫隊は江戸を出て四日目にこの与瀬宿に泊まったそうだ。八王子宿から与瀬宿までで一日はちょっと掛かり過ぎなので、恐らく八王子宿でもたもたして昼前の出発だったのだろう。

与瀬宿から吉野宿までは一里弱、約4・0㎞の道程である。与瀬宿を出るといきなり上り坂に差し掛かる。まずは山裾にある慈眼寺というお寺に向かって急坂を上り、角を曲がると今度は住宅地の中を緩やかに上って高度を稼ぐ。住宅地が尽きると階段で中央自動車道の下をくぐり再び国道20号線に出る。ガイドブックによるとその先は沢沿いに進み、丸太橋を越えて与瀬の一里塚跡（江戸から十六里）に至るとあるが、どこにもそんな道は見当たらないし、標識もない。少々迷った末、こんな所で沢に落ちて遭難したくはないので、国道に戻っておとなしくコンクリ橋で沢を

与瀬宿本陣跡の明治天皇小休所阯の石碑

渡ることにする。脇道を上って中央自動車道の上に出ると「甲州道中　横道」の標柱が建っており、無事に旧甲州街道に戻れた。

ここからは中央自動車道と相模湖を見下ろしながら、谷の形に忠実に沿って細かくアップダウンを繰り返しながら進む。与瀬宿からは100m程の比高差を上がってきている。石仏が並ぶ道を1km程進み、その先で道は左に分岐するのだが、標識が見当たらずに通り過ぎてしまい、またもや迷子である。地図アプリを見て気が付いてすぐ引き返せたが、案内板が整備されている東海道とは違って、甲州道中を辿る旅は道標一つ取っても前途多難である。

無事に旧甲州街道の細道を見つけて急坂を下る。折角100mも上って来たのに、下ってしまうのが勿体ない。中央自動車道を狭い橋で越え、なおも下る。道の両側には鬱蒼とした木々が迫っていて、人も車も通らない。ガイドブックによると、この道から土道に入ることになっている。確かに「甲州古道　赤坂」の標柱が建っており、矢印は土道の方向を示しているのだが、舗装道路でさえも鬱蒼とした急坂なのに、土道はますます鬱蒼としている。

中央自動車道と相模湖を見下ろす道を行く

こんな道に入って大丈夫かと躊躇したが、踏み跡が見えたので、意を決して土道に踏み込んでみる。下りの土道を重力任せで転げ落ちるようにして歩くと、勢いで茂みを突破して舗装道路に戻れた。こうして相模川添いの吉野宿まで下って行く。中央自動車道の上から相模川添いまで比高差１００ｍ程の下りである。

吉野宿から藤野駅へ

吉野宿は国道20号線沿いに展開しており、「藤屋」という旅籠屋の建物が残っていて中を見学できる。本陣の真向かいに位置しており、旅籠としては格式が高かったと思われる。言わば迎賓館に対する高級ホテルみたいなもので、御付きの者で本陣・脇本陣に収容しきれなかった人数は、こちらに泊まった可能性が高い。

ボランティアの方に詳しい説明を聞く。吉野宿は明治二十九年の大火で焼け、「藤屋」は明治三十年に再建したそうだ。明治期の建築なので、やや近代的な外観をしている。斜向かいに本陣の

甲州古道・赤坂の標柱を頼りに土道に突撃する

土蔵の建物が残っているが、この土蔵は大火にも耐えたそうだ。

　ここでふと疑問にぶつかった。旧五街道の宿場は、明治に入って鉄道が開通すると役割を終えた筈であるが、なぜ明治三十年になって旅籠屋を再建したのだろうか。これは中央本線の年表を見て解決した。明治二十二年に旧甲武《こうぶ》鉄道が八王子まで開通したが、その先は小仏トンネルの難工事のため、上野原まで官設鉄道が開通したのは明治三十四年のことである。逆算すると、この建物が甲州街道の旅籠屋として賑わったのは明治三十年から三十四年までの僅か四年余りということになる。中央本線が開業した後は、宿泊業よりも各種宴会や会合の場として賑わったのだろう。この建物を保存して今に残して戴いた元の所有者の方と、有形文化財として残して戴いた旧藤野町・現相模原市に心より感謝したい。

　吉野宿からは国道20号線を歩く。沢井川の谷を渡る所には、かつては「小猿橋」という橋があり、有名な猿橋と同じ構造だったそうだ。今では橋は残っていないが、橋のたもとにあたる場所に廿三夜塔と百万遍の石塔がある。現代の旅人は国道の吉野橋を渡

吉野宿の旅籠「藤屋」。中は見学できる

るのだが、困ったことに橋の歩道は反対側にしかないし、横断歩道もなく、いきなり歩道が切れている。仕方なく車道の路肩を歩くが、後ろから走ってくる車に背中を見せて歩くのは正直恐怖である。

橋を渡ると、国道から分かれて山側の住宅地の道に入る。またも上りであるがそう大した坂ではない。藤野中学校の横を通り再び国道に合流するが、道の両側ともに歩道がなく、自動車が我が物顔で走っている。これはどうしたものかと思ったが、地元の人は路肩部分を堂々と歩いているので、それに倣って歩みを進める。右側の路肩を自動車と対向するように歩いたが、軽自動車ならまだしも、ちょっと大きい3ナンバーの車などはブレーキを踏んで徐行してもらわないと怖いし、大型トラックが来たときはさすがに肝を冷やした。地元の人、特に学校に通う中学生の為にも、ちゃんと歩道を整備してほしい。そんな道を藤野駅の手前まで進む。

藤野駅入口に着いた。次の宿場の関野宿まであと1㎞くらいの

小猿橋跡のたもとにある廿三夜塔と百万遍の石塔

道程だが、雲行きが少々怪しく、雨が降り出しそうな感じだし、夕方に都内で用事があるので、関野宿までは行かずに藤野駅で切り上げる。

本日は小仏峠を越えて、小原宿本陣と「吉野宿ふじや」を見学したので、成果としては上々だろう。しかし、小仏峠を越えてからもずっと坂道の連続で思いの外きつかったし、土道の茂みを突破し、更に途中2回も迷ったのは予想外だった。「距離も短いしお手軽に行けるだろう」と軽い気持ちで始めた甲州街道の旅だが、見通しが甘かったことに気付いた一日だった。

藤野駅から中央本線の普通電車で帰途に就く

■本日の歩行記録

歩行距離　30・1km
歩行時間　6時間34分
平均時速　4・6km／h
（小休止・信号待ち除く）
スタート地点　標高　約80m
最高地点　標高　約560m
ゴール地点　標高　約210m
上り坂　比高差　約600m
下り坂　比高差　約470m

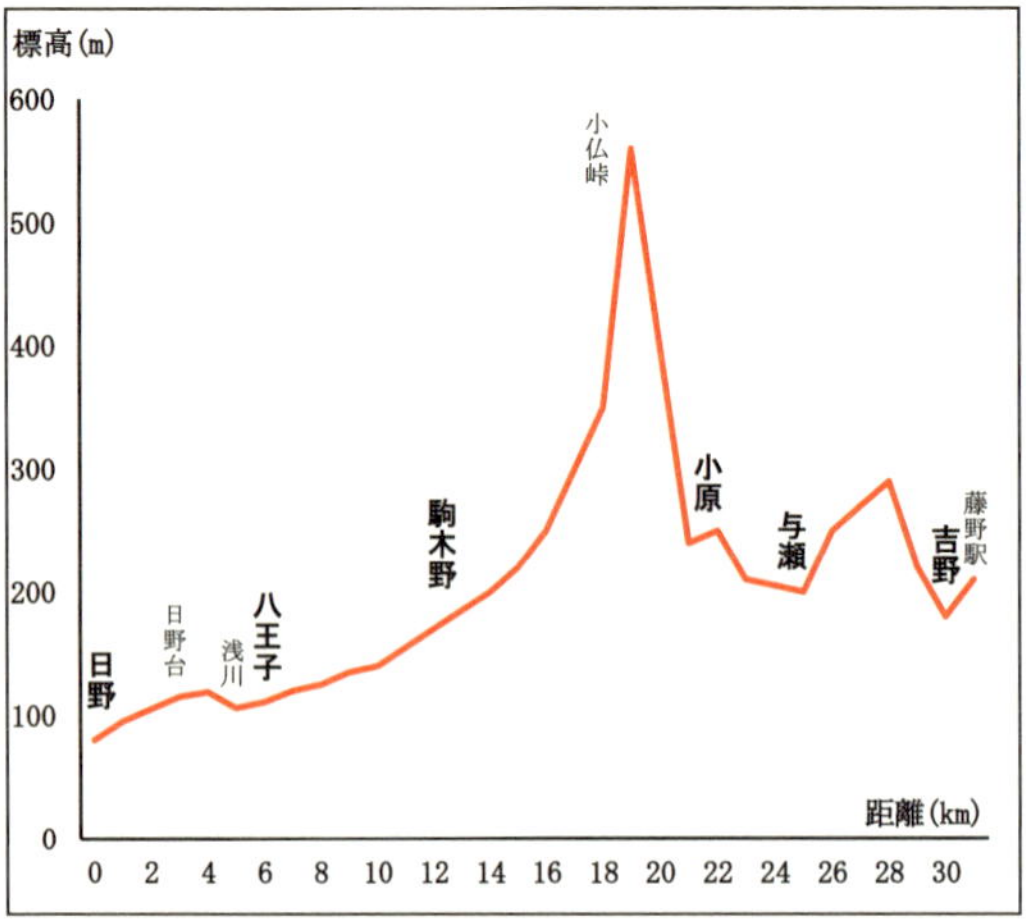

■並行する鉄道駅

日野〜豊田〜八王子〜西八王子〜高尾〜相模湖〜藤野（中央本線）

計6駅区間

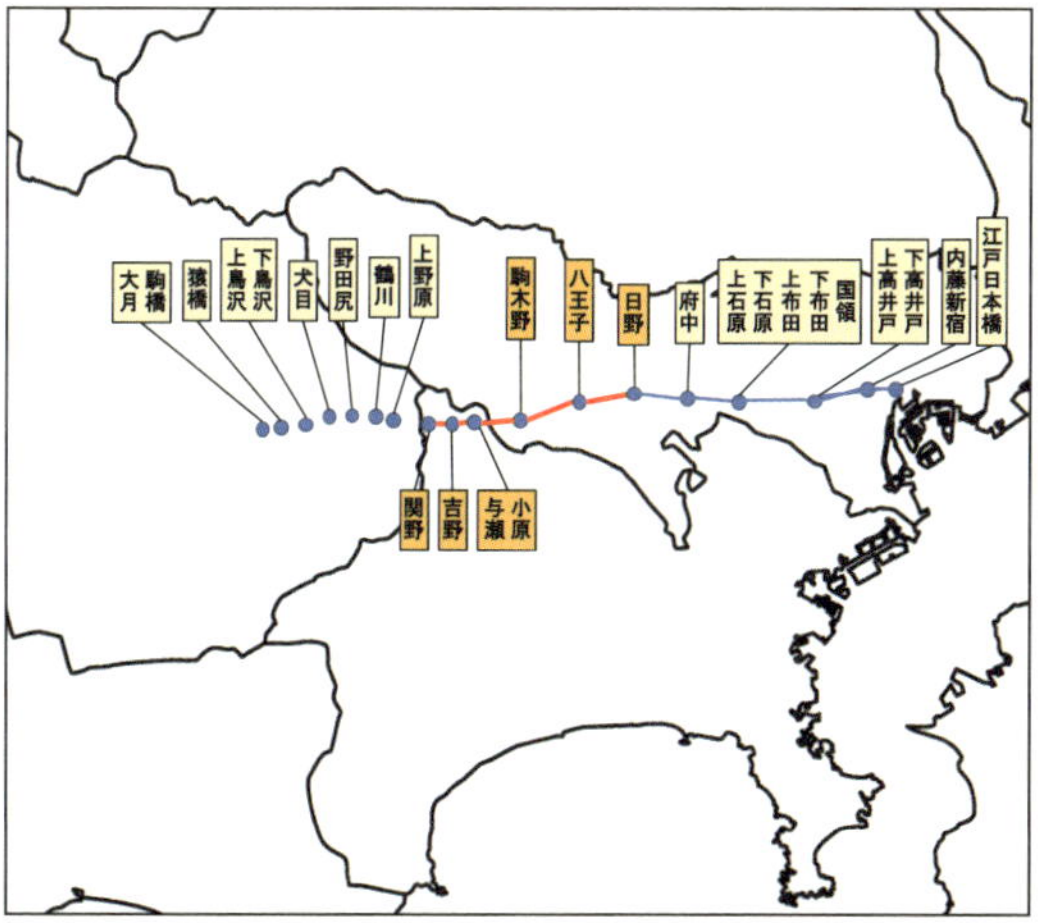

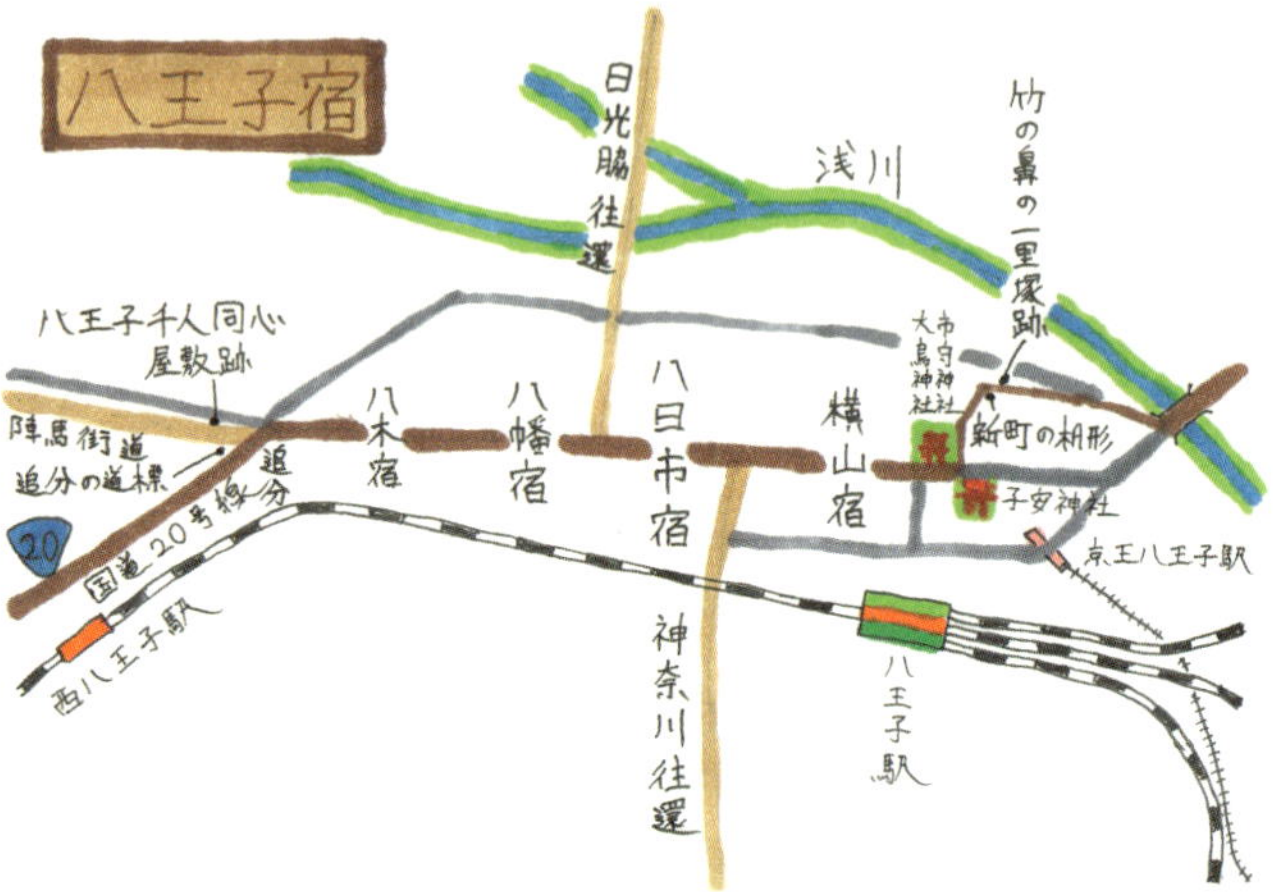
八王子宿
日光脇往還
浅川
竹の鼻の一里塚跡
市守神社
大鳥神社
新町の枡形
子安神社
京王八王子駅
横山宿
八日市宿
八幡宿
八木宿
追分
八王子千人同心屋敷跡
陣馬街道追分の道標
20
国道20号線
西八王子駅
八王子駅
神奈川往還

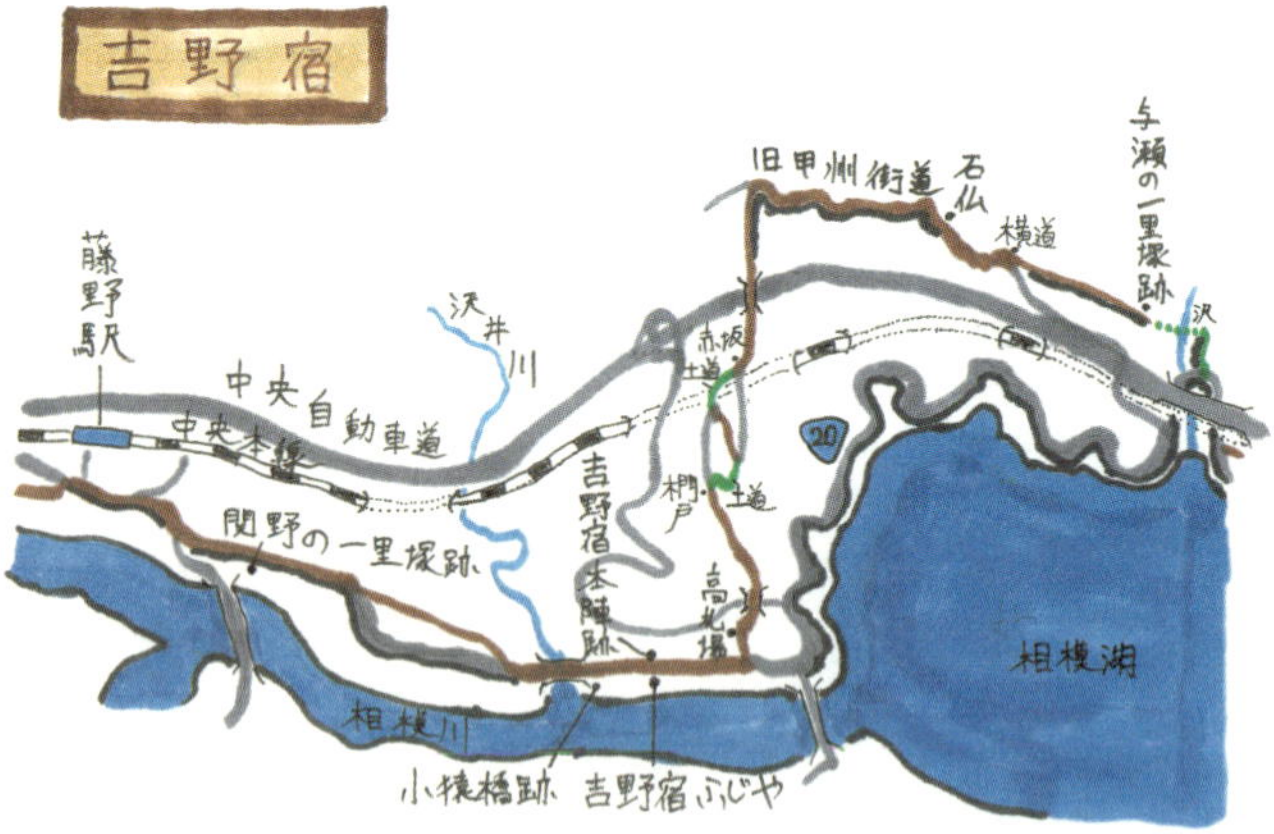
吉野宿
藤野駅
沢井川
中央自動車道
中央本線
関野の一里塚跡
相模川
小猿橋跡
吉野宿ふじや
吉野宿本陣跡
旧甲州街道
石仏
横道
与瀬の一里塚跡
沢
赤坂土道
桐戸
土道
高札場
20
相模湖

三日目　2022年9月25日(日)

行程：16関野宿～17上野原宿～18鶴川宿～19野田尻宿～20犬目宿～21下鳥沢宿～22上鳥沢宿～23猿橋宿～24駒橋宿～25大月宿

関野宿から上野原宿へ

藤野駅は陣馬山のハイキングの入口となっており、山登りスタイルの人が降りてくる。それに交ざって軽装の私も電車を降りる。藤野駅7時53分、本日の旅の始まりである。

藤野駅からは国道20号線の一段下の道を行く。階段を下りて住宅地の中を進み、住宅地が尽きると土道に入る。草をかき分けて進み中央本線を越え、ふたたび国道に出るとそこが関野宿。本陣跡に案内板が建っている。明治二十一年の火災とその後二度の大

関野宿本陣跡。案内板の他に痕跡は残っていない

火で、宿場の面影を残す建物は焼失してしまったそうだ。

関野宿を出て山側の小道を上る。「甲州古道　御留坂」の小さな標識に従って進むと土道に変わり、最後は築堤の斜面を下りて国道に出てくる。国道を行くドライバーからすると、「何でこんな所から人が出てくるのか」と、さぞ不思議だろう。

国道20号線沿いに、カーブを繰り返しながら緩い坂を下る。名倉入口という信号を左に曲がり、急坂を相模川に向けて下り境川を渡る。橋の名前は境沢橋、ここが相模国と甲斐国の国境である。木々の緑が豊かな場所で、川の水は澄んでいる。流れはそれなりに急だ。昨日は雨だったので水の量が多い。

前方に相模川が見えてくるが、川の手前の角をヘアピン状に曲がり、カーブした道をどんどん上って行く。坂道が尽きる手前の擁壁の右手に、立派な石碑と案内板が見える。ここは諏訪関跡、武田氏が設けた甲斐二十四関の一つで、江戸時代にも番所として通行取り締まりを行ったそうだ。明治四年に廃止され、関所の建物は明治天皇巡幸の際の小休所として活用された後、最後は渋沢

境沢橋を渡り甲斐国に入る

栄一が別荘用に買い上げて、別の場所に移築したそうだ。意外な場所で意外な有名人物が出てくる。

先に進もう。緩やかな坂を上って行くと右手に諏訪神社があり、さらに先には立派な石碑に「旧甲州街道」と刻まれている。中央自動車道を越えると塚場の一里塚跡（江戸から十八里）で、神社の奥に一里塚の円丘が残っている。この辺りの道は整備されており、車通りも少なく歩いていて気持ちが良い。住宅地を真っすぐ進み、新町交差点で国道20号線と合流すると上野原宿に到着。脇本陣の跡にはビジネスホテルが建っており、歴史を知る人には小粋な土地利用だと思う。その先の右手が本陣跡で、通りから少し入った所に門だけ残されている。

上野原宿から鶴川宿へ

上野原宿から鶴川宿までの道程は十八町、約1・8㎞しかないが、間には鶴川の谷があるので相当なアップダウンを覚悟する必

諏訪関跡の石碑と案内板

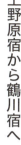

要がある。上野原宿の外れの住宅地を緩やかに下り、宅地が尽きると狭い道に入り、国道20号線を歩道橋で越える。そのまま鶴川に向かって県道を下り続け、県道がヘアピンカーブを描いている箇所は、石段と急坂でショートカットして一気に下りる。上野原宿から鶴川の谷まで60m程の比高差がある。

鶴川を橋で渡る。雨で増水しており、水量が多く流れも速い。往時は橋がなく川越人足による徒歩渡しだったそうで、通行料相場は川の水量によって変わったという。甲州道中を行き交う旅人には不評で、鶴川の渡しを避けるために青梅街道の大菩薩《だいぼさつ》峠へ迂回するルートを選ぶ人もいたとのことだ。

橋を渡ると鶴川宿である。往時の建物は残っていないが、道沿いには旧家が並んでおり、宿場町の雰囲気を今に伝えている。国道が通らなかったことで再開発を免れたからだろうか、元の本陣跡、脇本陣跡、問屋跡は、いずれも風格がある大きな家が建っている。往時の庄屋さんの家なのだろう。

鶴川宿。旧家が並び、宿場町の雰囲気が残る

鶴川宿から野田尻宿へ

鶴川宿の街並みが尽きて、左に折れて急坂を上る。先ほど谷底の鶴川宿から天空を行く中央自動車道を見上げたが、この坂は中央自動車道の更に上まで上っている。大汗をかきながら20分程上ると大椚《おおくぬぎ》の一里塚跡（江戸から十九里）。大きな石碑があり、案内板やベンチも整備されて小さな公園のようになっている。しばし休憩して息を整え、ついでに給水する。このあたりは道端に石仏や石碑が多く、今まさに旧街道を歩いていることが実感できる。

大椚の一里塚跡からは、緩やかな上り坂となる。集落を抜けると中央自動車道沿いの直線道路となり、傍らには長峰砦跡の発掘調査現場がある。中央自動車道の拡幅工事の際には砦の堀跡や鉄砲玉が出土したそうだ。甲州道中の道路跡も見つかっており、幅1m程度の険しい道が続いていたそうである。

中央自動車道を跨道橋で越えると野田尻《のたじり》宿に着く。上り線の談《だん》合坂《ごうざか》パーキングの横と言えば、大体の場所イメージが付くだろう

山中にあり静かな野田尻宿。後ろの旧家は元旅籠

か。標高は350m余り、鶴川宿からは約150mの比高差を上ってきた。

野田尻宿は山中の静かな宿場で、宿場町全体が緩い坂道になっている。本陣跡こそ更地になっているが、古い街並みの雰囲気が残っている。本陣跡の向かいに野田尻宿の碑が建っており、その後ろの旧家は元旅籠屋だったという。

野田尻宿から犬目宿へ

宿場の街並みが尽きるといきなり急坂になり、続いて土道に入る。水溜まりを避けながら土道を進み、中央自動車道を再び越えると舗装道路に戻る。荻野の一里塚跡（江戸から二十里）を過ぎ、田舎道を進んで中央自動車道を再び跨ぐと矢坪坂の古戦場跡。この辺りの領主だった小山田信有と北条氏綱の軍勢が戦った場所で、周辺を掘ると矢尻などが出土するそうだ。

ここから舗装道路を逸れて土道を行く。途中で土道が消えか

矢坪坂古戦場の先の土道。この後道を間違える

かっており、標識はない。踏み跡は坂を上る方向と坂を下る方向に付いている。一か八かで坂を下る方向に進んで舗装道路に合流したが、これは実は間違いで、気が付くと竹藪の上に土道のロープ柵が見えている。竹藪の中を上る踏み跡が見えたのでよじ上ってみると、大きな蜘蛛の巣に顔から突っ込んだ。気が付くとシャツやズボンには草の種が大量に付いており、竹藪を強行突破した代償を文字通り払い取る。

ロープ柵を越えて旧甲州街道の土道に戻る。木々を抜けて明るい場所に出ると蛇木新田の集落で、立派な屋敷や蔵が建っている。米山伊左衛門という庄屋さんの家で、かつては尾張家のお殿様の定宿だったという。御三家は参勤交代の義務はないが、ここが定宿ということは、尾張家が江戸と往来する際には東海道を使わずに甲州道中を使ったということになる。甲州道中の軍事的重要性と共に、諸藩の参勤交代で混み合う東海道を避けるという実務的な配慮もあるのだろう。

蛇木新田を過ぎるとほどなく犬目宿である。標高５１０ｍの高

蛇木新田の集落。立派な屋敷や蔵が並ぶ

所にあり、隣の野田尻宿から更に160m余り上って来た。この宿場も全体が緩い坂道の上にあり、奥の方の高い所に本陣がある。宿場の街並みは大火で失われており、昭和時代の建物が多い。

犬目宿から下鳥沢宿へ

犬目宿を出るとまた上り坂である。ガイドブックによると、途中で土道に入って君恋温泉という所を通るそうだが、その土道が見当たらないのでそのまま県道を進み、恋塚の一里塚（江戸から二十一里）に向かう。一里塚に付き物の円丘は諸般の事情で失われていることも多いが、ここははっきりと円丘が残っている。

恋塚の一里塚から県道を更に上り、小さな集落の山住神社というお社の石段で小休止する。天気が良く、明るくて気持ちが良い場所だ。ここが今日の行程の最高地点、標高は560mになる。

集落を進むと立派な家がある。昔の馬宿の跡だそうだ。集落が尽きて石畳の坂を下る。旧街道の石畳は歩きにくいのが相場であ

標高510mの高所にある犬目宿

るが、ここの石畳は整備されている上に枯葉がクッションになって歩きやすい。

再び県道に戻り、上野原市から大月市に入る。それにしてもなんという急坂だろうか。途中ですれ違ったサイクリング車は顔を真っ赤にしてヘロヘロと上って行く。こちらは重力に任せてハイペースで坂を下って行くのだが、膝が笑い出しそうだ。途中県道がヘアピンカーブを描く区間は、ショートカットする土道、というよりは藪の中に進入する。雑草が腰の高さまで伸びており、下草に足を取られて尻もちを付く。目の前には大きな蜘蛛の巣があり、頭を屈めて下を潜り抜ける。

石仏や馬頭観音が並ぶ急坂を下り、集落の細道を抜ける。遥か上を行く中央自動車道をくぐって更に下り、国道20号線に出ると、そこが下鳥沢宿の入口だ。標高は310m。2kmの道程で一気に250mの比高差を下ってきた。

鳥沢宿へ向けて急坂を下り、右手の藪の中へ突撃

下鳥沢宿から猿橋宿へ

下鳥沢宿は国道沿いに家が立ち並び、往時の建物は残っていないが、宿場らしい街並みの雰囲気を残している。家並みを進むと、一里塚跡と書いた木柱が立っていた。上鳥沢の一里塚跡（江戸から二十二里）であるが、宿場町の中なので円丘の痕跡はない。

鳥沢駅前を過ぎると上鳥沢宿。下鳥沢と上鳥沢は月の前半と後半をそれぞれ担当する合宿だったそうだ。上鳥沢宿は明治時代の旅籠屋の建物が残っていて、その一角は往時の宿場町の雰囲気を残している。コンビニでおにぎりを買い、駐車場の柵に腰かけて、宿場町を眺めながら昼食とする。

上鳥沢宿の次は猿橋宿。犬目、鳥沢、猿橋と、桃太郎の鬼退治にお供した動物が並んでいるが、偶然だろう。桂川沿いの国道20号線を進む。途中で何度か脇道に入るが、程なく国道に戻る。歩道が狭くてちょっと歩きにくい箇所もある。

そんな道を30分程歩くと猿橋に着く。日本三大奇橋の一つとし

上鳥沢宿の街並み。本陣跡には明治天皇駐蹕地跡の石碑が建つ

て有名な橋で、両側の岸から張り出したはね木で橋を支えており、橋脚がない。橋から下を見下ろすと桂川の深い谷だ。有名な観光スポットだが、お土産屋の半分くらいは閉まっている。

猿橋を渡り国道に合流すると猿橋宿だ。比較的大きな宿場だったと伝わるが、古い建物は残っていないので宿場町の面影はあまり感じられない。遠くには岩殿山の独特の山体が見えている。

猿橋宿から大月宿へ

猿橋宿の外れの猿橋駅前を通過すると、国道から分岐して田舎道に入る。眼下に桂川、対岸に岩殿山が見えて景色が良い。

駒橋発電所の送水管を越えると、中央本線と斜めに交差する踏切がある。暫く眺めていると、E353系の特急かいじ号や211系普通電車が次々とやってくる。続いてベージュ色の車体のTRAIN SUITE四季島《しきしま》がやって来た。小窓だらけの独特の車両が連なっている。

日本三大奇橋の一つ、猿橋を渡る

踏切を後にし、再び国道に合流すると駒橋宿である。宿場町らしい古い家も残っているが、歩道がない箇所があって歩きにくい。対向してくる車に「徐行しろ〜」と念を送りながら歩く。

脇道に入ると大月の市街地だ。対岸の岩殿山の岩肌が見えている。この岩殿山には小山田氏の山城があり、織田軍に攻められた武田勝頼は岩殿城を目指して新府城から落ち延びたという。武田勝頼の行軍については改めて触れる。

市街地を進むと大月駅前に出る。時刻は14時40分、大月宿は駅の少し先だが、今日はこれにて家に帰る。

古い家が残る駒橋宿。歩道がなく歩きにくい

■本日の歩行記録

歩行距離　26・6km
歩行時間　5時間41分
平均時速　4・7km／h
（小休止・信号待ち除く）
スタート地点　標高　約210m
最高地点　標高　約560m
ゴール地点　標高　約360m
上り坂　比高差　約460m
下り坂　比高差　約310m

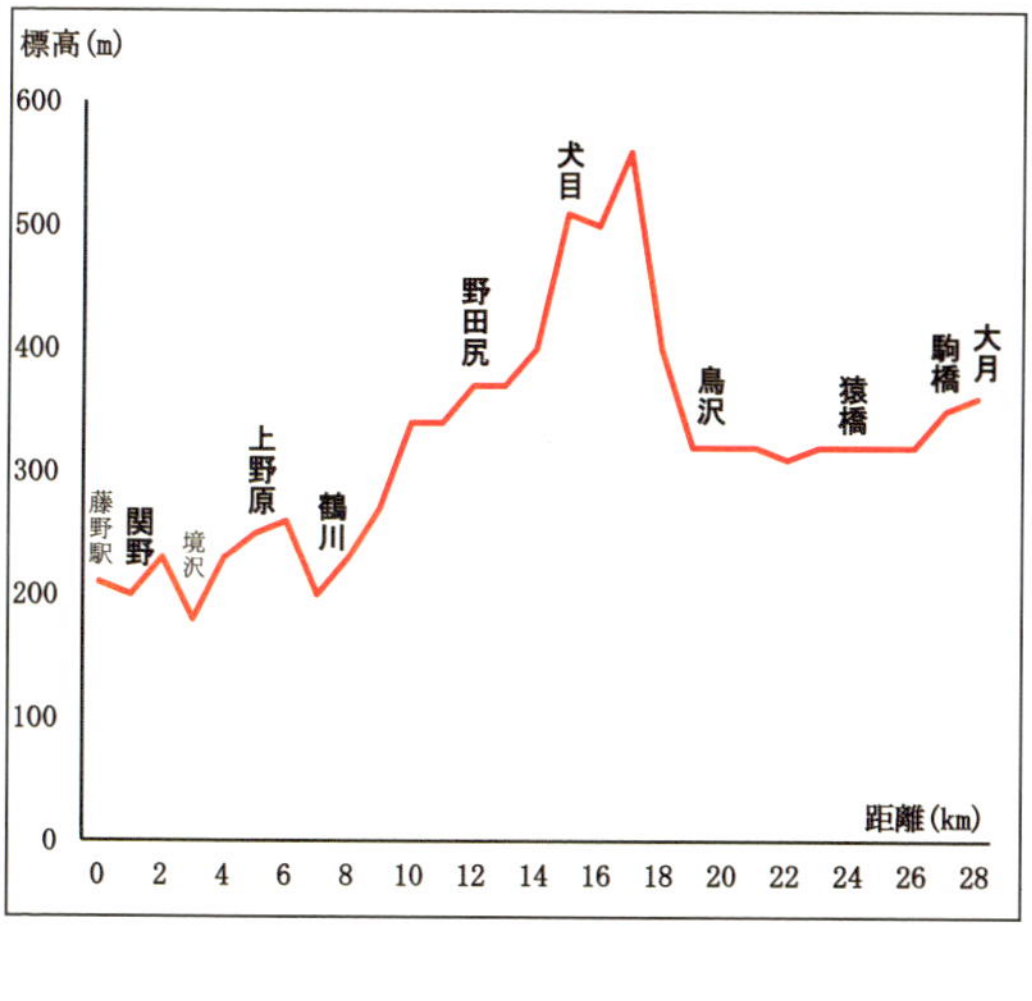

■並行する鉄道駅

藤野～上野原～四方津～柳川～鳥沢～猿橋～大月（中央本線）

計6駅区間

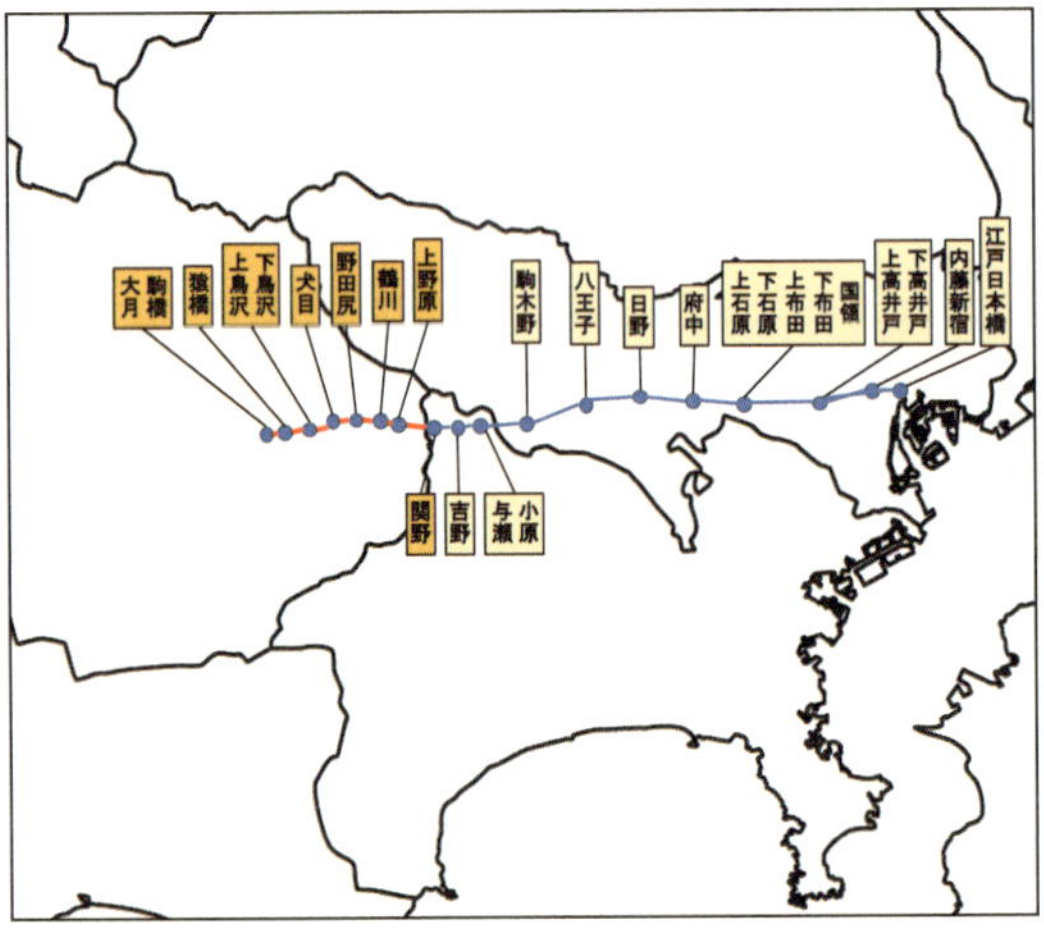

■イラストで見る宿場町

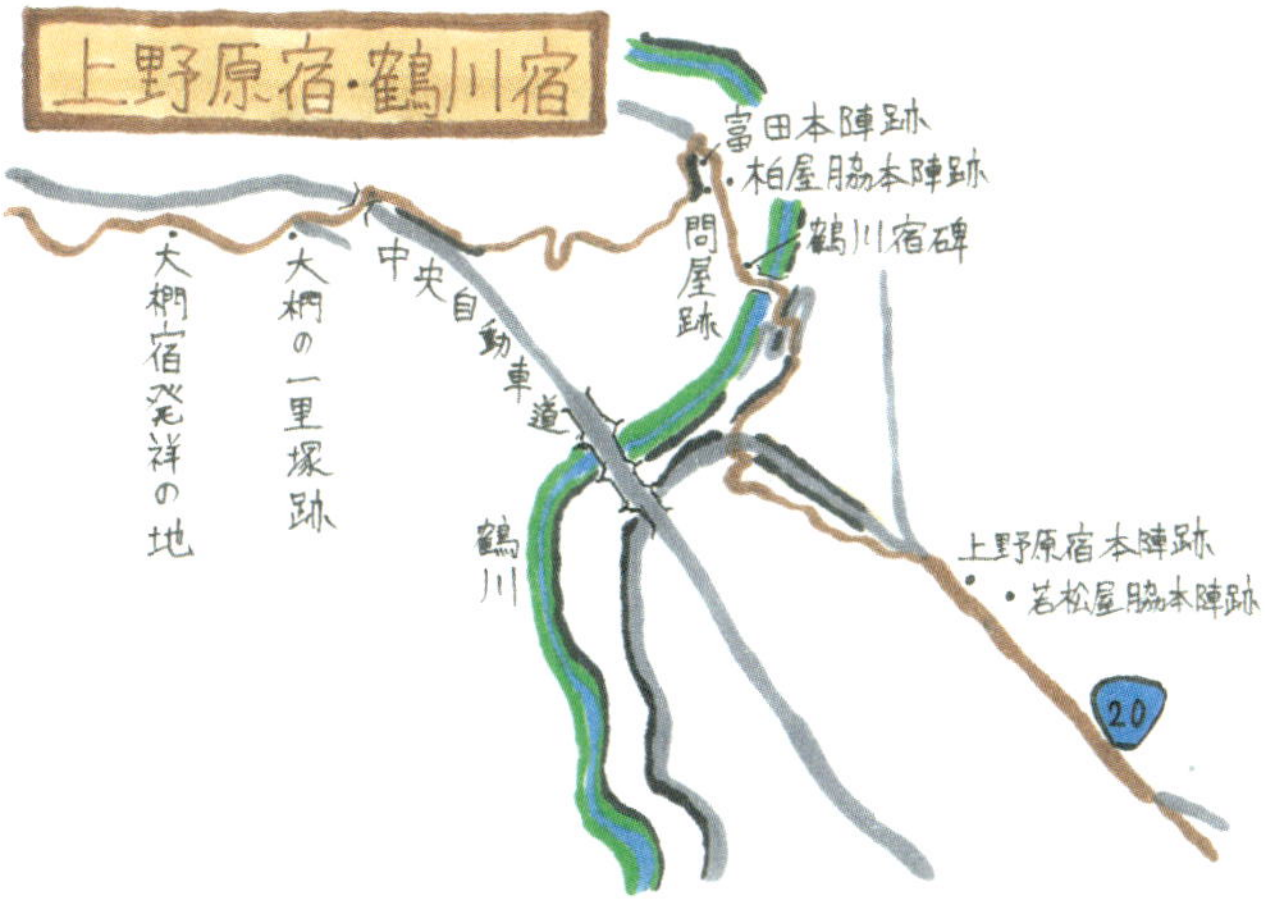
上野原宿・鶴川宿
富田本陣跡
柏屋脇本陣跡
鶴川宿碑
問屋跡
中央自動車道
大椚の一里塚跡
大椚宿発祥の地
鶴川
上野原宿本陣跡
若松屋脇本陣跡
20

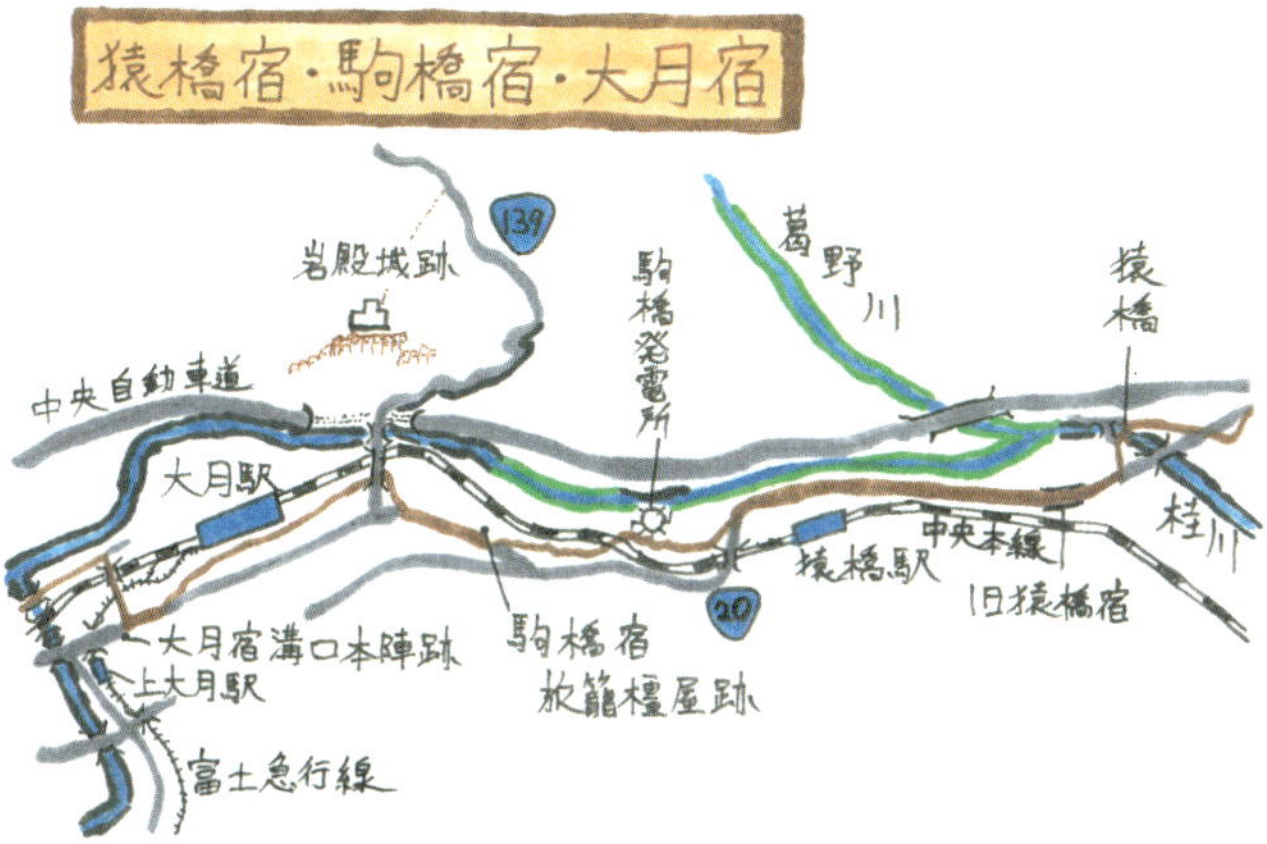
猿橋宿・駒橋宿・大月宿
岩殿城跡
139
駒橋発電所
葛野川
猿橋
中央自動車道
大月駅
中央本線
桂川
猿橋駅
旧猿橋宿
20
駒橋宿
旅籠檀屋跡
大月宿溝口本陣跡
上大月駅
富士急行線

四日目　2022年10月29日(土)

行程：25大月宿～26下花咲宿～27上花咲宿～28下初狩宿～29中初狩宿～30白野宿～31阿弥陀海道宿～32黒野田宿～33駒飼宿～34鶴瀬宿～35勝沼宿

大月宿から下花咲宿へ

今日は甲州街道の最高地点、笹子峠を越える行程である。険しい峠道に備えて下調べをし、ついでに心の覚悟も決めて来た。幸い今日の天気は晴れの予報で、絶好のハイキング日和である。高尾6時14分発の松本行きに乗り、朝7時前に大月駅に到着。ハイキングに向かう人や富士急行線に乗り換える人で駅構内はごった返している。駅前に出ると朝焼けの中に岩殿山が輝いている。

朝の大月駅前。後ろには岩殿山

駅右手の細い路地を進む。この辺りがかつての大月宿だが、建物が新しいので単なる飲み屋街にも見える。国道20号線に合流すると本陣跡があり、電信柱の横に明治天皇御召喚所趾の石碑が建っている。甲陽鎮撫隊は五日目の夜を大月宿で過ごしたそうだ。与瀬宿から大月宿まで八里弱、一日の行軍としてはもう少し進める気もするが、春の雪で行軍速度が鈍ったらしい。

大月宿を出ると中央本線を跨線橋で越え、続いて桂川を橋で渡る。往時は河原まで下りて浅瀬を渡っていたのであろう。大月から先は桂川から分かれ、支流の笹子川沿いを上って行く。

しばらく行くと下花咲の一里塚跡（江戸から二十四里）がある。芭蕉句碑、念仏塔、庚申塔などがずらりと並んでいる。

下花咲宿から下初狩宿へ

下花咲宿は本陣の星野家住宅の建物が現存しており、国の重要文化財に指定されている。天保六年（１８３５年）に火災焼失し

大月宿を出ると桂川を渡る

た後に再建されたそうだ。本陣の大きな石碑と明治天皇花咲御小休所の石碑が並んで建っている。

本陣の隣にはファミレスがあり、朝7時開店なのでもう開いている。休憩にはまだ早いが、後の行程に備えて腹ごしらえをする。

下花咲宿から5分程歩くと上花咲宿なのだが、宿場の痕跡は全くと言って良いほど見当たらない。すぐそばに中央自動車道の大月ジャンクションがあるので、道路に埋もれてしまったのかもしれない。下花咲宿と上花咲宿は名前で分かる通り合宿で、月の前半は上花咲宿、後半は下花咲宿が問屋業務を行っていたそうだ。

上花咲宿を後に国道20号線を進む。道はずっと緩やかに上っている。真木橋で笹子川を渡るが、旧道は蛇行する笹子川に沿って、断崖に張り付くような道筋を通っていたそうだ。中央本線の車窓から眺めることが出来る。

しばらく国道を進み、セメント工場入口の橋を渡り、中央本線沿いの土道に入る。この土道が甲州街道の旧道に相当するのだが、やがて砕石工場の中に迷い出てしまった。作業していた大型ホ

下花咲宿の本陣、星野家住宅

イールローダーの運転手がクラクションを鳴らし、身振りで左の方向を指す。手前の道を左に曲がれという意味のようだ。教えられた通りに進むと中央本線の踏切があり、先に集落が見える。国道に再び合流すると下初狩宿、本陣跡の門構えが残っている。作家の山本周五郎はこの地で生まれたそうだ。

初狩駅入口の信号脇にコンビニがある。この先コンビニはないのでここで昼食や水を仕入れ、ナップザックがずっしり重くなる。

下初狩宿から阿弥陀海道宿《あみだかいどう》へ

下初狩宿には宮川という川が流れていて、宮川橋から望む富士山を一目富士というそうだ。確かに橋の上から富士山頂がちらりと見えた。甲州街道は富士山からそう遠くはないのに、山間を通っているので意外と富士山は見えないのだ。

宮川橋を渡り5分程歩くと中初狩宿である。下初狩宿との合宿で、月の前半は中初狩宿、後半は下初狩宿が問屋業務を行ったそ

国道から分かれて笹子川を渡る

うだ。中初狩は江戸を火事で焼け出された松尾芭蕉が半年ほど滞在しており、立派な句碑が建っている。

中初狩宿を過ぎて笹子川沿いを更に上る。右手から天神山の山肌が迫り、国道は山裾を迂回するように上って高度を稼ぐ。旧道は天神山の裏側の高い所を通っていたそうだが、中央自動車道の敷設で痕跡は消えている。国道から脇道に入り、高台に上ると白野宿だ。宿場の規模は小さく、阿弥陀海道宿と黒野田宿との合宿だったそうだ。白野宿は23日から月末まで、阿弥陀海道宿は16日から22日まで、黒野田宿は1日から15日までの問屋業務を担当したという。

白野宿から先は中央本線沿いを進む。E353系の特急あずさ号、かいじ号がひっきりなしに行き交い、時々EH200形電気機関車が牽引する貨物列車も来る。遠くに酒蔵の大看板が見えてきて、笹子川橋を渡ると阿弥陀海道宿である。徒歩の旅なのでちょっと立ち寄って試飲したい衝動に駆られるが、試飲をしたら買いたくなるに決まっているし、買ってしまうと酒瓶を担いで急

中初狩宿の街並み

峻な笹子峠を上る羽目になるので、ここは自重する。

阿弥陀海道宿にはもう一つの名物がある。笹子餅がそれで、お土産用に一箱購入する。笹子餅は笹子峠の茶屋が「峠の力餅」として売っていたのが始まりだそうだ。パッケージには笹子峠の矢《や》立《たて》の杉が描かれている。

阿弥陀海道宿を抜けると笹子駅で、駅前に巨大な笹子隧道《すいどう》記念碑が建っている。駅前広場のベンチで小休止する。笹子駅は標高600m、今朝出発した大月駅は標高360mだから、初狩、笹子の僅か2駅間で240mも上っている。

阿弥陀海道宿から笹子峠を越えて駒飼宿へ

かつての笹子駅はスイッチバックといって、勾配の途中に駅を設けるために側線を設けた構造をしていた。その側線の先が黒野田宿である。本陣跡には旧家が建っていて、当時の門が残っている。門の横には明治天皇行在所趾の石碑が建っており、明治十三

笹子川橋を渡ると阿弥陀海道宿。酒蔵の大看板が目立つ

年の山梨・三重・京都巡幸の際にここに宿泊されたそうだ。

黒野田宿を出るといよいよ上り坂がきつくなる。中央本線は早々にトンネルに入り、斜面の上を行く中央自動車道も笹子トンネル（痛ましい崩落事故があったあのトンネルである）に消えて行くが、国道20号線はしばらく笹子川沿いをカーブしながら上って行く。30分程上った所で県道212号線が分岐する。この先国道は新笹子トンネルに向かうが、県道は笹子峠へと向かって上る。

しばらく県道を上ると「旧甲州街道　矢立の杉　遊歩道」と書かれた看板があり、舗装道路から分かれて山道に分け入る。害獣除けの柵を開けて木立の中に入ると、途端に空気が澄んで涼しくなる。整備された遊歩道なので歩きやすい。

目の前に砂防ダムが現れる。道は砂防ダムを迂回して上っているが、倒木がガードレールにめり込んで道を塞いでいる。幸い倒木を跨いで先に進むことが出来た。砂防ダムの上に出て再び木立の中を進む。欄干がない木橋で沢を渡る箇所があるが、真新しく頑丈そうなので左程の不安はなく渡れる。

道を塞ぐ倒木を跨いで先へ進む

山道を40分程上ると矢立の杉に着く。樹齢1000年とも言われる杉の大木で、歌川広重の諸国名所百景にも描かれている。樹木保護のため周囲は柵で入れないようにしてあるが、傍に真新しい展望デッキがあり、そこに上ると矢立の杉が見渡せる。ベンチとテーブルもあって休憩にはちょうど良いので、持っていたおにぎりで軽食を取る。ここまでの上りで大汗をかいたので、長袖インナーを脱いで半袖サッカーシャツ姿になる。

矢立の杉を出発すると「甲州街道　←笹子新田　→笹子峠トンネル」という、文字が擦れた看板がある。先ほどまでと違って道幅は狭い。沢を渡る小橋は工事用足場みたいな板が一本渡されているだけで、まるで平均台だ。それでも踏み跡はあるので、この道を進めば笹子峠に着くものと信じて進む。

やがて尾根道に出た。踏み跡は辛うじて判別できる程度で案内板は一切ない。両側は谷で、道を踏み外したら砂防ダムに転げ落ちるしかない。本当にこの道で良いのか不安になるが、木の幹にピンク色のビニール紐が巻いてあり、これが道標代わりなのだろ

矢立の杉。高すぎて全体を写すことが出来ない

う。尾根道を10分程上り、県道に合流した時は心底ホッとした。

つづら折りの県道を上る。乗用車は全く通らず、たまにバイクや自転車が来るくらいである。そんな道でもハイキングの人を何人か見かけたのは、この先に有名な笹子隧道があるからだろう。笹子峠の直下を通過しており、完成は昭和十三年、長さ２４０ｍの石造りのトンネルで登録有形文化財になっている。

笹子隧道に着いた所で小休止するが、昔の甲州道中は笹子峠を越えていたので、トンネルは抜けずに更に上を目指す。「注意この附近にクマ出没注意必要」の看板が出ている。ここで私は大事な忘れ物に気が付いた。笹子峠に行くに際して熊鈴を用意しようと思い、しかしどこで熊鈴を売っているか分からないので、代わりに１００円ショップで鈴が付いた犬用首輪を買ったのだが、自宅の机の上に忘れて来た。一瞬背筋が寒くなったのは、山の冷たい風のせいだけではないだろう。

とはいえ天気は快晴で周囲は明るく、人の姿もあるのでそうそう熊に遭遇することはないだろう。意を決して笹子峠頂上への最

笹子峠への上り道。一本橋で沢を渡る

後の上りを進む。途中、チェーンが張ってあって斜面をよじ登る場所もあったが、５分程であっさり上り切った。時刻はちょうど12時。標高１０９６ｍの笹子峠で麦茶とパンの昼食を取る。

峠の頂を抜ける風は涼しい。休憩で汗は引いたし、ここから駒飼宿までは下り坂なので汗はかかない筈だから、先ほど脱いだインナーを再び着て、体が冷えないようにする。県道まで下りて笹子隧道の西口を見た後、ガードレールの切れ目から山道に分け入る。甲州街道峠道の看板が出ているので、迷うことはない。山道沿いの「史跡甘酒茶屋跡」の標柱を過ぎる。こんな峠の上であるが、往時は甘酒を出す茶屋があったそうだ。

甲州街道峠道の標識を頼りに山道を下って行くと、砂防ダム脇に遊歩道を整備している箇所に出た。階段を整備したりロープ柵を張ったりしてある。そこから更に5分程下ったが、どうも様子がおかしい。ガイドブックによると沢を渡る丸太橋があるそうだが、沢は流木で埋め尽くされ、土石流の跡にしか見えない。ピンクのビニール紐を巻いた木があり、おそらく道を示しているのだ

笹子峠で一休み。吹き抜ける風が涼しい

ろうが、やがて目の前に大きな倒木が立ちはだかり、両側が沢になっていて前にも横にも進めなくなった。仕方ないので来た道を引き返す。引き返すということは、再び山登りである。大汗をかきながら10分程山道を上って県道まで引き返す。

旧甲州街道の峠道は沢沿いに真っすぐ下りるが、県道はつづら折りで倍近い距離がある。とはいえ景色は素晴らしく、山の稜線と少し色づいた木々を見ながら坂道を下って行く。一時間程で駒《こま》飼《かい》宿に着いた。標高は６００ｍ程、笹子峠から一気に５００ｍ近く下ってきた。

駒飼宿から鶴瀬宿へ

駒飼宿は山に抱かれたような集落だ。宿場全体が急な坂道になっている。本陣跡、脇本陣跡は空地になっており、それぞれ標柱が建っている。本陣跡の奥には明治天皇御小休所址の立派な石碑があり、笹子峠を越えてここで昼食休みを取られたのだろう。

流木で沢が埋め尽くされ、甲州街道の丸太橋は跡形もない

駒飼宿は甲陽鎮撫隊の六日目の宿泊地である。雪の残る笹子峠を越えて宿場に着いたところ、官軍が既に甲府城に入ったという知らせが届いたという。ここで土方歳三は援軍を呼びに再び笹子峠を戻ったが、その夜は隊員の脱走が相次ぎ、200名以上居た隊員が翌朝には121名まで減っていたという。

駒飼宿を出て細道を下って行く。中央自動車道をくぐり、日川《ひかわ》の谷沿いに出ると鶴瀬宿なのだが、その手前の山裾に「武田勝頼公腰掛石」なる史跡がある。織田軍に攻められた武田勝頼は、新府城を落ち延びて小山田氏の岩殿城を目指したが、小山田氏が裏切って笹子峠を封鎖したことを知り、この鶴瀬の地で行き場を失ってしまった。進退窮まった勝頼公はこの石に腰掛けて、自身の進退を思案したと伝わる。結果として勝頼は笹子峠には向かわず、織田軍が居る甲府盆地方面にも戻れず、日川を遡る方面しか行き場所がなくなってしまい、天目山の麓の田野の地で最期の時を迎える。腰掛石から武田勝頼公が自害した景徳院までは3・5㎞程しか離れていない。

山に抱かれたような駒飼宿

石一つに解説が長くなった。国道20号線に合流して坂を下ると鶴瀬宿である。ここは鶴瀬関所が置かれ、入鉄砲と出女を取り締まったという。隣の駒飼宿とは合宿で、毎月1日から20日までは鶴瀬宿が、21日から月末までは駒飼宿が問屋業務を務めたという。担当日数が均等割りでないが、日川沿いの開けた地にある鶴瀬宿の方が周辺人口規模は大きかったのだろう。

鶴瀬宿から勝沼宿へ

鶴瀬宿からは日川の谷沿いに進む。国道だけでなく中央本線と中央自動車道も日川の谷沿いをひしめき合うように甲府盆地を目指す。道はずっと緩やかな下り坂である。

鶴瀬宿からしばらく下ると、道の上の築堤上に古跡血《ち》洗澤《あらいざわ》や、古跡鞍懸《くらかけ》といった標柱がある。武田勝頼重臣の跡部大炊介《おおいのすけ》や長坂釣閑斎《ちょうかんさい》が、逃亡を図って討ち取られた、ないし鞍を落としたという、少々情けない伝承が残っている。

鶴瀬宿の解説板と石碑

跡部大炊介と長坂釣閑斎は、武田家の滅亡を招いた無能な家臣と酷評されているが、天正壬午の乱で甲斐・信濃を占領した徳川家による、武田家美化政策の影響もあると勝手に思っている。徳川家は三方ヶ原の戦いや高天神城攻防戦で武田軍に相当苦戦したので、武田信玄や武田勝頼は非常に強かったが、一部の無能な家臣のせいで潰れた、とすると徳川家としては体面が良いし、旧武田家の家臣を召し抱えて占領地政策を行うにも都合が良いのだろう。

少々脱線した。国道20号線は真新しい洞門（落石覆い）に進むが、旧道は斜面にへばり付くように進んでいたそうだ。ガイドブックに旧道への入り方が書いてあるが、またもや道に迷う。石と一緒に落石覆いの斜面を転げ落ちたりするのは好ましくないので、結局国道沿いを進むことにした。道一本くらいずれていたとしても、大筋では甲州街道を歩いていることには間違いないだろう。そもそも災害等で道が付け変わるのはよくあることである。

目の前に甲府盆地が見えて来た。この地は柏尾古戦場といわれ、

古跡・鞍掛の標柱。築堤上にあって立ち入りは出来ない

甲陽鎮撫隊と土佐藩の乾（板垣）退助率いる官軍が衝突した場所である。この辺りを掘ると、当時の弾丸が出土するそうだ。柏尾橋の横の広場に、鉢巻姿で刀を構えた近藤勇の像が建っている。柏尾の戦いは甲陽鎮撫隊が1時間ほどで総崩れとなり、八王子方面に敗走して終わった。江戸からずっと甲州街道と共に付き合って戴いた甲陽鎮撫隊の顛末記は、この柏尾の地で終わりを告げる。

柏尾橋で深沢川を渡る。少し上流寄りには江戸時代の橋、明治時代の橋、大正時代の橋の、それぞれ橋台が残っている。国道20号線から県道に入って、ぶどう農園が並ぶ坂道を下ると勝沼宿に入る。ここは甲府盆地の東端に位置し、物資が集積して栄えたという。

勝沼宿本陣跡は旧家が建っており、門の脇には槍掛けの松と呼ばれる老松が残っている。大名行列が宿泊する際に、ここに槍を掛けておいたそうだ。近くには勝沼氏館跡というのがある。勝沼氏は武田家御親類衆でありながら、武田信玄に対する謀反を企てて滅ぼされた一族だそうだ。

柏尾古戦場と近藤勇像

今日の甲州街道歩きの終点は勝沼宿であるが、今日の予定はここからが長い。今はぶどうシーズンの最終盤にあたるので、まずはぶどう園に寄り、ぶどう数種類とワインの一升瓶を買う。その足で「勝沼ぶどうの丘」に向かい、ワインカーヴで試飲、続いて露天風呂から甲府盆地の夕暮れ景色を堪能する。

そろそろ帰ることにしよう。両手に大荷物を抱えて、真っ暗なぶどう畑の中を行く。日川沿いの勝沼宿から、高台上にある「ぶどうの丘」や勝沼ぶどう郷駅へと勝沼町内をウロウロしていたら、100m以上の比高差を上り下りしていた。

勝沼のぶどう畑を行く

■本日の歩行記録

歩行距離　35・5km
歩行時間　7時間41分
平均時速　4・6km／h
（小休止・信号待ち除く）
スタート地点　標高　約360m
最高地点　標高　約1100m
ゴール地点　標高　約490m
上り坂　比高差　約860m
下り坂　比高差　約730m

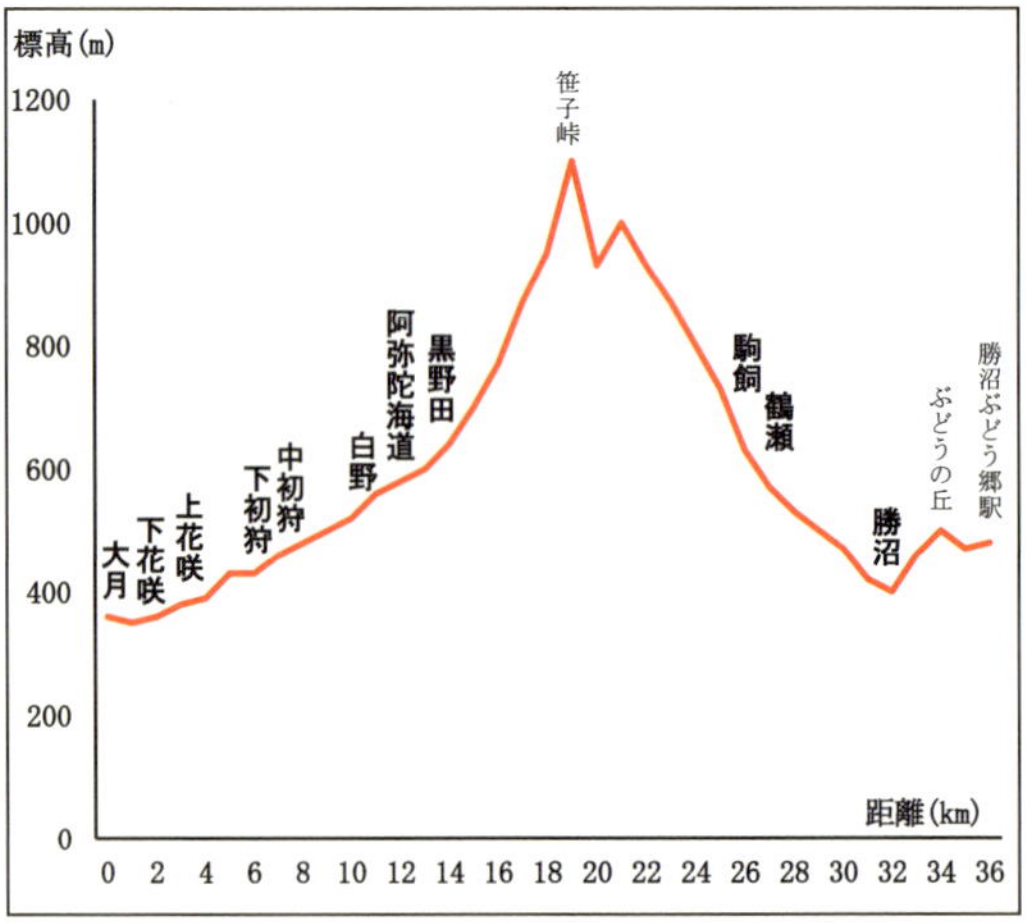

■並行する鉄道駅

大月～初狩～笹子～甲斐大和～勝沼ぶどう郷（中央本線）
計4駅区間

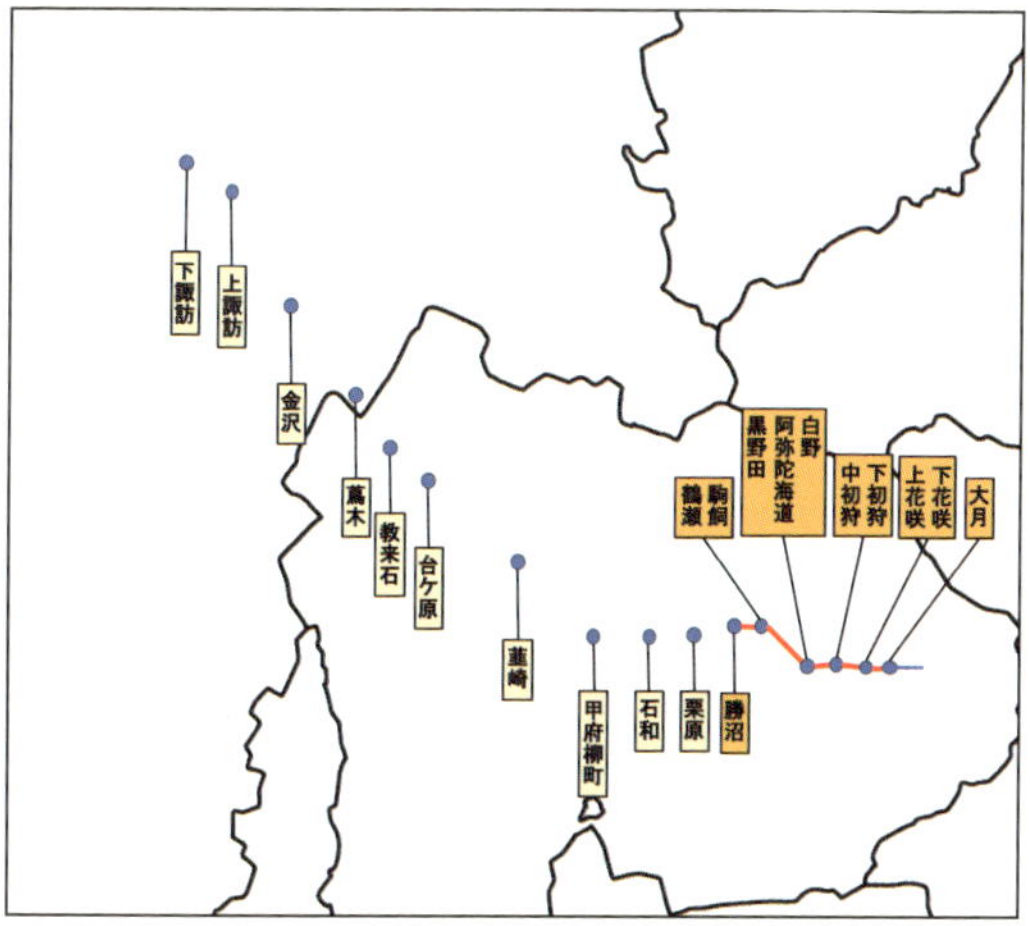

白野宿・阿弥陀海道宿・黒野田宿

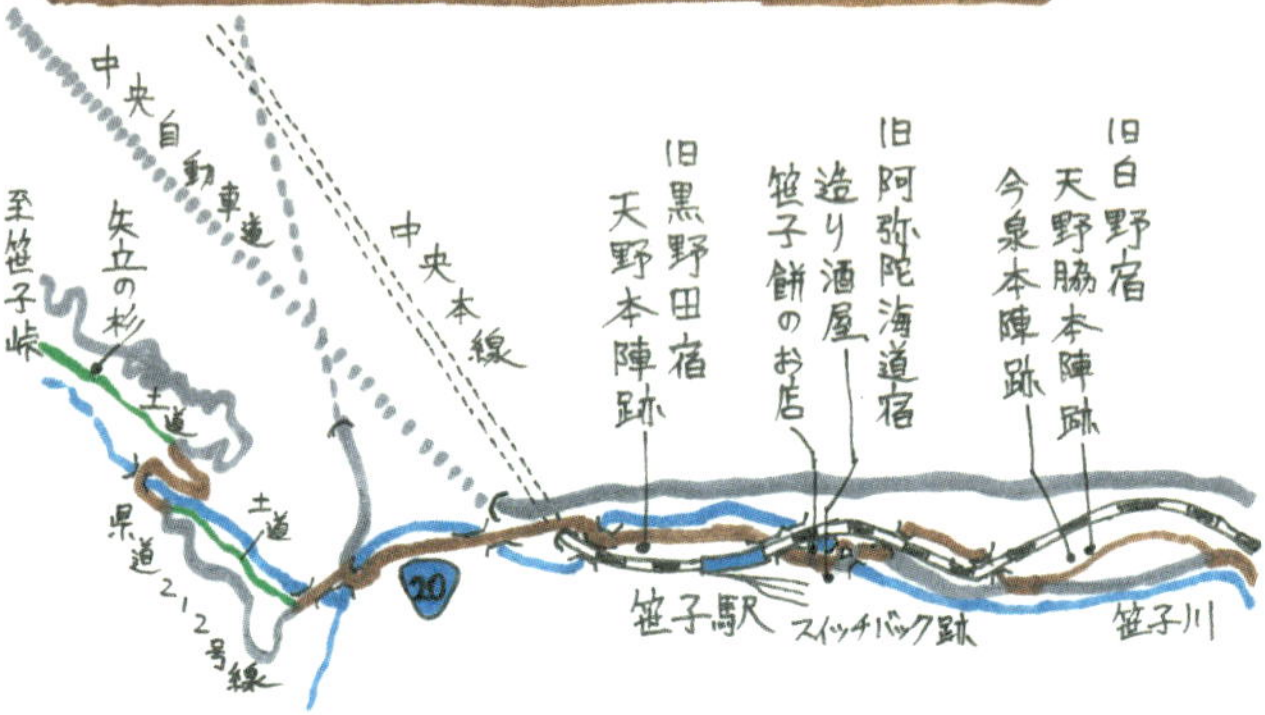

駒飼宿・鶴瀬宿

五日目　2022年11月5日㈯

行程：35勝沼宿～36栗原宿～37石和宿～38甲府柳町宿～39韮崎宿

勝沼宿から栗原宿へ

今日の行程は、甲府盆地を東端から西端まで横断する予定である。盆地なので急な山道はないし、食料補給の心配もなく気楽に出掛けることが出来る。

一週間前と同じ、高尾6時14分発の松本行きに乗る。今週もハイキングに行く人で混んでいるが、大月で車内はガラガラになる。前回歩いた道を眺めながら初狩、笹子と進み、笹子トンネルを抜けると甲斐大和、トンネルを抜けて7時17分に勝沼ぶどう郷駅に到着する。この駅からの景色はいつ見ても素晴らしい。

ぶどう園やワイナリーが並ぶ坂道を下り、勝沼宿本陣跡には7

勝沼宿本陣跡の槍掛けの松

時45分に着いた。本日の「甲州街道てくてく歩き」のスタート地点である。

　勝沼宿は扇状地の上に位置しており、宿場全体が坂道になっている。昔の商家や蔵が並ぶ宿場町を軽快な足取りで進む。旧田中銀行社屋という洋風建築もある。勝沼郵便電信局舎として、明治三十年代初頭に建てられたそうだ。更に下ると小学校の校門脇に明治天皇勝沼行在所跡の石碑が建っている。明治六年に開校した古い歴史を持つ学校とのこと。

　勝沼宿を抜けて県道を進む。途中から国道411号線と名前が変わるが、とにかくずっと下り坂である。40分程歩いてなだらかな地形になると栗原宿である。

　栗原宿の痕跡は殆ど残っていない。クランク状の道筋や神社の参道でそれと分かるくらいであるが、かつては農産物や織物が集積し、市が立って栄えたそうだ。平地で川もあるので生産力は高いだろう。

坂道に位置する勝沼宿

栗原宿から石和宿《いさわ》へ

栗原宿を出るとすぐ日川を渡る。そのまま川沿いに進み、日川と笛吹川《ふえふきがわ》の合流点を過ぎる。40分程歩くと石和温泉のホテル街が見えてきて、笛吹川を渡る。川沿いに松並木があって情緒があるが、これは明治四十年の水害以降に植林したもので、甲州道中が現役だった当時は存在しなかったそうだ。

ここからは住宅地の中を進む。時折道端に道祖神があるのは旧街道らしい光景だ。大通りに出るとそこはもう石和宿。栗原宿からは1時間15分程で着いた。

石和宿の中は新しい建物が立ち並んでいるが、通り沿いに遠妙寺や石和神社もあって宿場町らしい雰囲気が残る。電柱がなく、歩道も整備が行き届いており歩きやすい。本陣跡は駐車場になっているが、片隅に土蔵が残っていて往時を偲ぶことが出来る。

本陣の斜め向かいが由学館という学問所の跡で、現在は公園になっている。この公園には足湯があり、さすが石和温泉と感心す

笛吹川沿いを進む。遠くに見えるのは石和温泉の温泉旅館

る。今は朝9時40分だが、既に先客が3人もいて、私も休憩を兼ねて入ってみる。

石和宿から甲府柳町宿へ

石和宿を出ると平等川という川を二つ渡る。かつては笛吹川の本流が流れており、船渡しだったそうだ。辺りの地名は川田といい、武田氏の館があり甲斐国治世の拠点だった。川田館から甲府の躑躅《つつじ》ケ《が》崎《さき》館に移ったのは武田信虎（信玄の父）の代になる。

国道411号線を甲府方面へと進む。ごく普通の二車線道路だが、時々立派な長屋門を持つ旧家が沿道に現れるのは、歴史がある道ならではだ。青梅街道と合流すると酒折《さかおり》である。この地には酒折宮があり、日本武尊《やまとたけるのみこと》が東征の帰路に立ち寄ったと、古事記や日本書紀に記述があるそうだ。しかし酒折宮への道案内よりも、山梨学院大学のキャンパス関連施設の案内看板の方が目立っている。ちなみに酒折の地名の由来は坂が折れ曲がった地域、ないし

石和宿由学館跡の公園。足湯がある

坂を下った所のお宮（坂下宮）だという。今回の旅は、どこまでも坂道が付いて回る。

酒折を過ぎると甲府の市街地に入る。身延線の高架をくぐると道はクランク状に曲がっていて、いわゆる枡形がある。国道411号線は甲府の東側、善光寺駅付近と金手《かねんて》駅付近で二度もクランクがあり、渋滞の原因にもなっているが、城下町甲府の防御のために枡形を設けるのは、戦略的には必然であろう。

甲府柳町宿から韮崎宿へ

甲府の中心街に入ると、裏街みたいな所を何度も曲がる。城下町の町割りが関係しているらしく、甲府城と武家地を避けて町人地に宿場町を設け、掘割の形に沿って道を付けたら、曲がりくねった道筋になったそうだ。

甲府柳町宿を抜けて、甲府駅前に通じる大通りを歩道橋で渡る。ここから先は国道52号線を行く。荒川、貢川と橋を渡り市街地か

甲府の入口、金手の枡形。道がクランク状に曲がっている

ら郊外に出る。国道といってもこの辺りは曲がりくねった2車線道路で、単なる田舎道っぽい。やがて山梨県立文学館と山梨県立美術館の前を通る。銀杏並木が黄色に色付いて綺麗だ。そんな道を1時間程歩き、竜王駅の近くを左折して今度は住宅地の中を行く。

中央本線の踏切を渡り、5分程歩くと突然上り坂になる。この坂は赤坂といい、赤土なので雨が降るとぬかるむ難所だったそうだ。行き倒れ旅人の供養塔や諏訪神社の横を過ぎ、1㎞程上ってやっと丘の上に出た。竜王駅が標高280m、丘の上は標高350m、比高差70mだから結構な上りである。

丘に上ったということは、次は丘下りが待っている。急坂を下り、庚申塔が立っているクランク状の角を曲がると、下今井の集落である。なまこ壁の土蔵の街並みが500m余り続いており、とても風情があるのだが、殆ど知られていないのが不思議なくらいだ。

下今井の集落を抜けて中央本線の架道橋をくぐる。明治三十六

下今井の集落。なまこ壁の土蔵が並ぶ

年に開通した当時のレンガ造りアーチが今も残っている。その先、国道20号線・52号線と県道の分岐点近くにラーメン屋が二軒あった。時刻は13時過ぎで空腹である。頼んだラーメンは野菜炒めがたっぷり載っていて美味かった。

すっかり満腹したので、再び田舎道を歩き続ける。庄屋さんの家だろうか、豪壮な造りの旧家となまこ壁の土蔵が建っている。そんな道を20分程進む。

道祖神が建っている角を左に曲がって少し上る。この辺りは金剛《こんごう》地《ち》という珍しい地名で、かつては鍛冶屋さんが多かったそうだ。集落の中心に金山神社という社があり、ご神体は鍛冶屋さんが使う「ふいご」だそうだ。

金剛地の集落を抜けると塩川を渡る。橋からの見晴らしが良く、遠くに南アルプスの山々が綺麗に見える。橋を渡ると韮崎市で、15分程で街中に入る。下宿という交差点があり、名前からも分かる通り、韮崎宿の入口にあたる。

韮崎宿は駿河から来る身延道が、甲州道中に合流する地点だ。

塩川を渡り韮崎宿へ

下宿交差点から釜無川《かまなしがわ》に向かう小路が身延道、またの名を鰍沢《かじかざわ》横丁といって、諏訪や佐久から江戸に送られる年貢米はこの道を通り、甲府盆地の南に位置する鰍沢河岸まで運び、そこから富士川舟運で岩淵河岸（静岡県富士市、東海道が富士川を越える地点）へ運んでいたそうだ。天保六年には韮崎宿に船山河岸が完成して、富士川舟運は釜無川を経由して直接韮崎に入るようになった。往時の鰍沢横丁は沿道に駄菓子屋や馬方茶屋が軒を連ねていたそうだが、今は普通の住宅地になっており、石碑と説明板が当時の様子を語り継ぐのみである。

説明が長くなったが、韮崎宿の中に入って行こう。「味噌 醤油 こうじ」の看板を掲げた商家がある。明治初期から続く店で、元々は製糸卸売が本業だったのが、昭和不況を機に醤油・味噌製造業になって現在に至るそうだ。

韮崎宿の中心部は新しい建物が立ち並んでいるが、本陣跡には石碑が建っている。本陣の向かいには清水屋という現役の旅館があり、江戸時代創業の旅籠だったそうだ。沿道には馬つなぎ

かつて賑わった鰍沢横丁。今では単なる路地

石（馬の手綱を石の穴に通して繋ぐもの）がいくつか残っており、当時の雰囲気を今に伝えている。

本日の甲州街道歩きの終点は、ここ韮崎宿である。時刻は14時20分と早めだが、次の台ケ原宿までは四里（16㎞）の道程なので、今日は早仕舞いとする。これから普通電車で帰っても、18時前には家に着いて夕飯の支度を出来る時間である。毎週のように出かけているので、たまには夕飯くらい作らなければと思う。

韮崎宿の街並み。古い商家の建物が目立つ

■本日の歩行記録

歩行距離　32・5㎞
歩行時間　6時間6分
平均時速　5・3㎞／h
（小休止・信号待ち除く）
スタート地点　標高　約480m
最高地点　標高　約480m
ゴール地点　標高　約360m
上り坂　比高差　約130m
下り坂　比高差　約250m

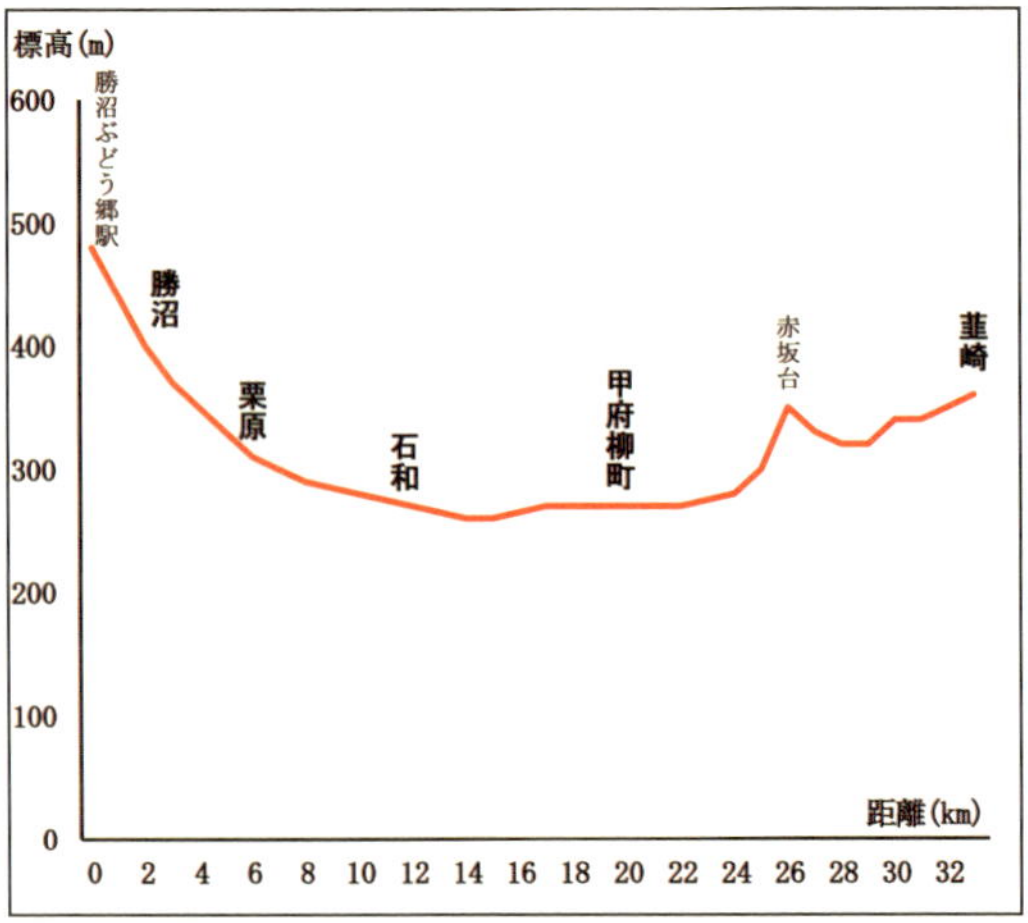

■並行する鉄道駅

勝沼ぶどう郷〜塩山〜東山梨〜山梨市〜
春日居町〜石和温泉〜酒折（中央本線）
善光寺〜金手〜甲府（身延線）
甲府〜竜王〜塩崎〜韮崎（中央本線）
計11駅区間

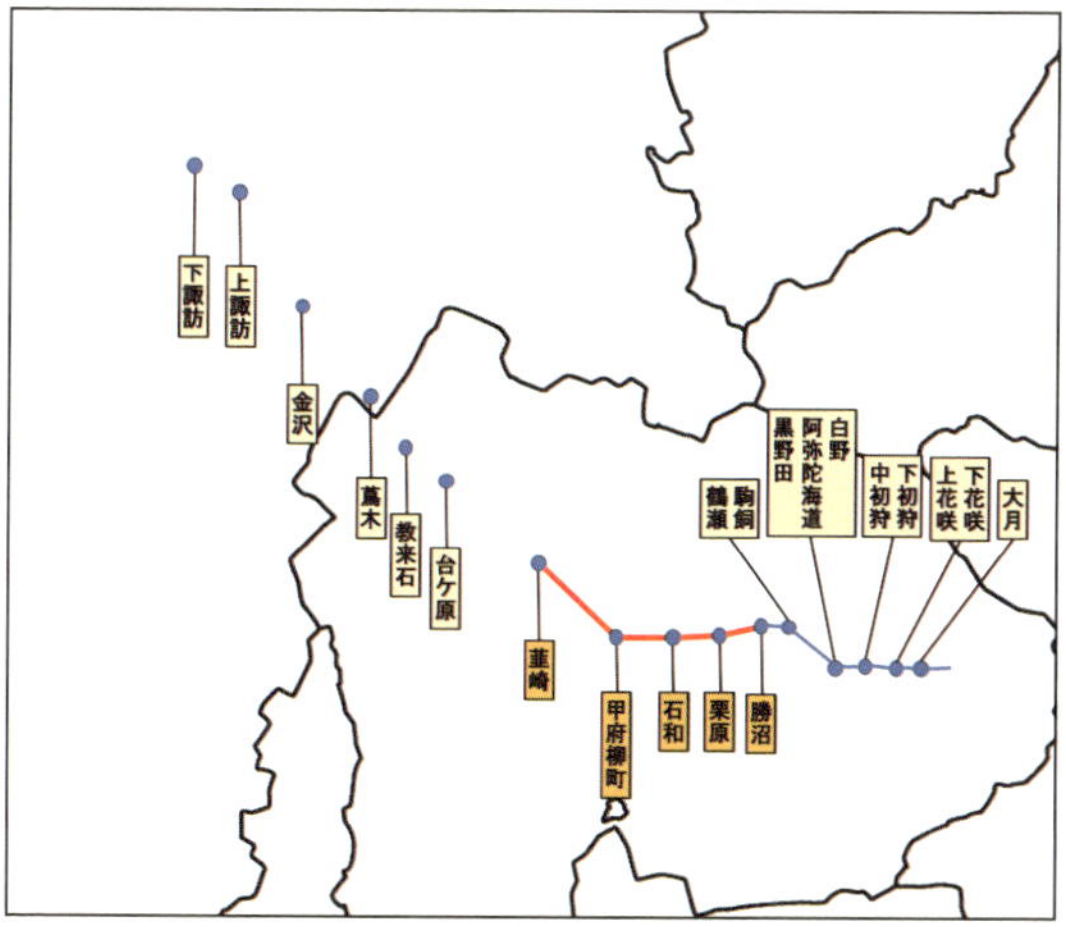

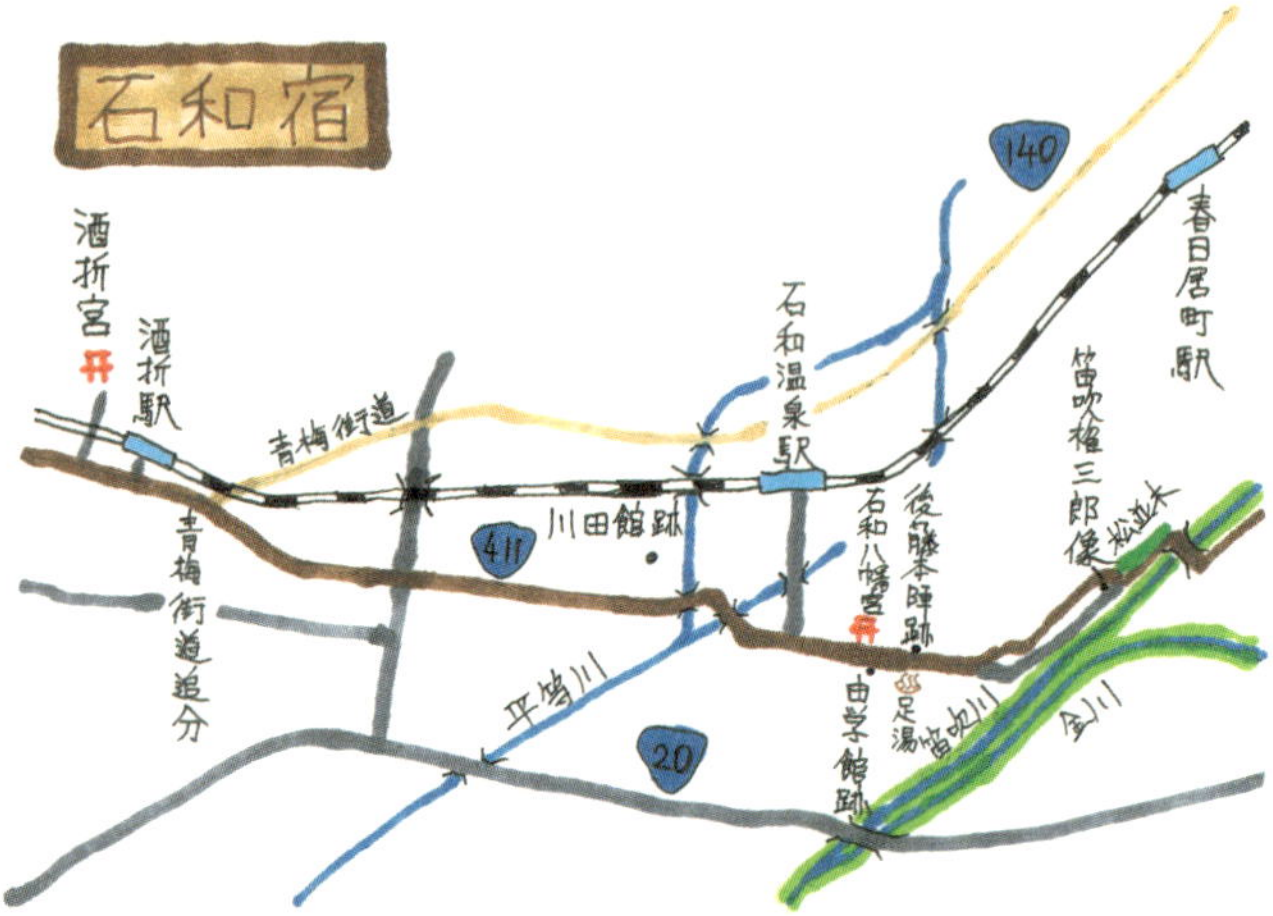
石和宿
140
春日居町駅
石和温泉駅
笛吹権三郎像
松並木
酒折宮
酒折駅
青梅街道
川田館跡
411
石和八幡宮
後藤本陣跡
青梅街道追分
平等川
20
足湯
笛吹川
由学館跡
金川

甲府柳町宿
至武田神社
武田通り
甲斐善光寺
武田信虎公之像
甲府駅
武田信玄公之像
甲府城
金手駅
善光寺駅
荒川
貢川
52
411
358

六日目　2022年11月19日(土)

行程：39韮崎宿〜40台ケ原宿〜41教来石宿〜42蔦木宿

韮崎宿から台ケ原宿へ

今日は甲府盆地を後にし、釜無川沿いを遡って長野県に入る予定である。最初から最後まで片上りの道が予想される。

朝寝坊して少々出遅れたが、9時46分に韮崎駅に降り立った。勾配の途中に駅があり、ホーム全体が坂になっている。この駅もかつてはスイッチバックといって、勾配の途中に駅を設けるために側線があり、ホームは平坦な側線の方にあるという構造をしていた。昔の列車は機関車が客車を牽引しており、坂道発進が難しかったために、こんな回りくどい構造になっていた。現代の電車は各車両にモーターが分散して付いており、坂道発進が容易なの

韮崎駅。右下の広場が旧スイッチバック時代の駅の跡

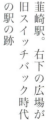

で勾配上にホームを設けることが出来る。韮崎駅の駅前広場は本線から一段下がった所にあり、スイッチバック時代の駅構内を利用しているので横長に広がっている。

韮崎の街中には一橋家の陣屋跡があるそうだが、特に標識は見当たらずに見逃してしまったので、宅地に埋もれてしまったのだろう。続いて韮崎市役所に立ち寄る。庁舎の前に武田信義像が建っている。甲斐源氏の四代目で武田氏の初代となる人物で、源頼朝と連携して木曾義仲討伐や平家追討に参加したそうだ。韮崎は武田家発祥の地だ。なお、武田勝頼は初代信義から数えて十七代目となる。

そろそろ甲州街道を進むことにしよう。道は釜無川沿いを緩やかに上って行くが、右手に分岐する道は急な坂で台地を上って行く。この台地は八ヶ岳から甲府盆地に向けて細長く延びており、長野県の蔦木《つたき》から韮崎に掛けては断崖が七里続いているので「七里岩」と呼ばれる。釜無川の氾濫で甲州街道がしばしば通行不能となるため、迂回路が台地上に整備され、現在では七里岩ライン

韮崎市役所と武田信義像

という名前が付いている。なお中央本線は七里岩台地の上を通っている。

右手に七里岩、左手に釜無川を見ながら国道20号線を進み、時々旧道の田舎道へと入る。旧道沿いには立派な旧家やなまこ壁の土蔵が残り、神社や石仏も点在している。茅葺きの立派な武家門を持つ家もあり、旧武田家に仕えた家だそうだ。

数百メートル先を赤いジャンパーのおじさんが歩いている。こんな道を歩いている人がいるだけでも珍しいのに、時々道端に寄って石仏を見たり、神社の境内に入ったり沿道を丹念に見ている。余程歴史好きの人なのだろうか。私の方が歩行速度は速いので、神明宮の所で追い抜いた。

右手にはずっと七里岩の断崖が見えている。武田勝頼が築いた新府城はこの辺りの断崖上にある。残念ながら今回は立ち寄ることが出来ないが、以前に訪れた際には、台地上に築かれた大規模城郭に息をのんだ。新府城について語るとそれだけで一章が完成してしまうので、また別の機会にしたい。

旧家やなまこ壁の土蔵が並ぶ道を行く

国道に戻り、右手に屏風岩《びょうぶいわ》の岩肌を見ながら先へと進む。岩の上に鳥居らしきものが見えるが、これは九頭竜社《くずりゅうしゃ》、釜無川水防の神様である。そんな道を40分余り進み、穴山橋で釜無川を渡る。水量が多く流れは速い。

橋を渡った所にラーメン屋がある。時刻は11時30分、昼食には少し早いが続々と車が入って行き、はやっているお店のようだ。5分程待ってカウンター席に座り、ラーメンと小もつ煮皿を注文する。スープは醤油の色が濃いが、案外あっさりしていて美味しい。街道歩きで美味しい昼食に出会うのは至難の業なので、朝寝坊の怪我の功名ではあるが、今日はついている。

国道から逸れて旧道を進み、上円井《かみつぶらい》集落に入る。ここで先ほどの赤いジャンパーのおじさんに再度追いつく。手には私と同じガイドブックを持っており、同好の士のようだ。声を掛けると、今日は甲府を出発して韮崎のワイナリーに寄り、午後は台ケ原宿の酒蔵で日本酒試飲を予定しているとのこと。街道歩きが好きで、四国八十八カ所巡りや、ドイツの街道を自転車で巡られている強

釜無川に架かる穴山橋。右手の崖が七里岩

者だった。道中無事の挨拶をして再び先行する。

小武川《こむかわ》を渡ると北杜市に入り、武川の集落を旧道で抜ける。道端に新しい「旧甲州街道一里塚跡」の小さな石碑があり、武川の一里塚跡、ないし甲府から六里なので六里塚跡と呼ばれている。

国道に戻り、今度は大武川を渡る。左手には田んぼと丘陵、右手には釜無川と七里岩という光景が続く。地図アプリを見ると、甲州街道の旧道は左手の丘陵沿いを通っていたようだが、ガイドブックの指示通りに国道を進む。今度は右手の旧道に入り、旧家が立ち並ぶ上三吹の集落を進む。集落が尽きた釜無川沿いの一角に三吹の一里塚跡、ないし七里塚跡がある。一里４kmを40分強のハイペースで飛ばしてきた。

尾白川を渡ると「甲州街道　古道入口　はらぢみち」と書かれた大きな石碑があり、ここから草道に分け入る。馬頭観音や石仏、石碑が並ぶ草道を行くと、台ケ原宿の入口である。

台ケ原宿へ向けて土道を行く

台ケ原宿から教来石宿《きょうらいし》へ

台ケ原宿は往時の街並みがよく残っていて、宿場入口からの坂の途中には味噌屋や酒屋などの古い建物がある。更に上って行くと宿場の中心で、本陣跡は建物こそ新しくなっているが、門の横に大きな秋葉常夜燈が建っている。

本陣跡の少し先に酒蔵がある。創業は寛延三年（1750年）。この建物は明治十三年の明治天皇山梨巡幸の際の宿泊所だったそうで、予約をすれば行在所の見学ツアーに参加できる。直売所やカフェもあり、直売所ではミニグラスでの試飲（有料）をしながら選ぶことも出来る。今日はこの後12㎞程坂道を歩く予定だが、四合瓶を二本くらいまでなら担いで歩ける自信はある。

ほろ酔い気分で酒蔵を出て、斜向かいの和菓子屋に入る。創業明治三十五年、建物は昔の旅籠屋をそのまま使っている。ここではお土産の信玄餅を買う。結局この付近に30分ほど滞在したが、先ほどの赤いジャンパーのおじさんはまだ追いついて来ない。ど

台ケ原宿の酒蔵でほろ酔い気分

こかで昼食でも取っているのだろうか、行き倒れていないと良いのだが。

宿場の街並みはまだ続くが、徐々に坂道が急になってくる。道の左手に旧甲州街道一里塚跡の石碑が建っており、台ケ原の一里塚跡（江戸から四十三里）である。甲州街道の一里塚は、江戸起点の物以外にも内藤新宿起点や甲府起点の物もあってややこしい。

火の見櫓の角を曲がり、旧名主宅の横を過ぎると下り坂になる。今日初めての下り坂を下りて釜無川沿いの田んぼの中を進むが、すぐまた上り坂になる。沿道に武田神社の鳥居があり、奥に石祠が並んでいるのが見えるが、鳥居はぶどう畑の真ん中でぶどう棚に囲まれており、訪れる人は入って良いのかと迷うだろう。

田舎道をひたすら進む。この辺りの山裾にはウイスキーの蒸留所があって観光地になっているが、旧甲州街道沿いは田舎道で、観光客の姿はない。台ケ原宿から40分程で下教来石交差点に着く。教来石宿の入口にあたり、国道20号線沿いに旧本陣跡の空地があり、明治天皇御小休所址の石碑がある。向かいに大きな家がある

ぶどう畑の真ん中にある武田神社の鳥居

ので、ここが宿場の中心部だったのだろう。

少し進んで旧道に入ると諏訪神社があり、崖下の釜無川沿いには田んぼが広がっている。明治天皇はこの道から田植えの様子をご覧になったそうで、明治天皇御田植御通覧之址碑というのがある。さらに進んで小さな沢を渡ると上教来石地区で、ここには御膳水跡碑というのがある。明治天皇がここの湧水を飲んで、お褒め戴いたそうだ。そういえば某飲料会社の天然水ボトリング工場は、ここから3㎞余りと近い。先ほど日本酒を試飲したし、歩いていると喉が渇く。ちょうど自販機があったのでペットボトルの水を買って飲む。よく冷えていて旨かった。

教来石宿から蔦木宿へ

教来石宿を後にすると、道は少し下って釜無川沿いに出る。山口関所跡というのがあり、甲斐二十四関の一つで、信州口を見張る関所である。道の反対側には西番所跡という徳川幕府が設置し

教来石宿。右下の田んぼは明治天皇も眺めた景色

た番所の跡がある。石碑が建っており、明治四年に廃止になったと刻まれている。

釜無川沿いに田んぼの真ん中を進み、国道20号線と交差する。釜無川に架かる橋には「一級河川　釜無川　山梨県」と「富士川新国界橋」の看板が並んでいる。川の名称が二つ並んで紛らわしいが、国土交通省の管轄では「富士川」となるのだろう。

旧甲州街道は300m程上流の国界橋を渡っており、そこまで旧道が繋がっている「筈」であった。しかし道は草むしており、腰の高さまで雑草が伸びていて、様子がおかしい。国界橋を渡ってみたものの、長野県側は電気柵で完全に塞がれていて、通ることも迂回することも出来ない。電気柵なのでよじ登るわけにもいかないので、仕方なく再度草むらをかき分けて新国界橋まで戻る。

余計な寄り道を強いられたが、新国界橋を渡ると長野県、信濃国である。国道から脇道に入って急坂を上る。下蔦木集落センターの前には標高731mという標識が出ている。眞福寺という大きなお寺の境内の横を通り、小さな沢を渡ると眼下に蔦木宿が

甲斐国の出口にあたる山口関所跡。左手の石碑は番所の跡

広がっている。

石仏や応安の古碑などが点在する坂を下りると蔦木宿である。宿場入口は南枡形跡といい、クランク状に折れ曲がっている。現在道が付け替えられて、真っすぐ行く道が繋がっているが、往時の記録が石碑に刻まれている。

蔦木宿大坂屋本陣跡は往時の本陣門が残っており、傍らには石碑がいくつも建っている。建物は現存しておらず、上蔦木集落センターが建っている。標高727mの標識が出ており、ここ富士見町は標高表示の整備を行っているらしい。本陣の並びには宿場の家並みと屋号の解説地図があり、往時の様子を偲ぶことが出来る。その先には御膳水跡という湧水の跡があって、与謝野晶子の歌碑が建っている。七里岩からの湧水だそうだ。

時刻は16時過ぎ、晩秋の夕日が山間に落ちかかっている。ここからは最寄りの信濃境駅を目指して歩く。距離は2・7km、本陣の脇に県道信濃境停車場線が通っており、「信濃境駅→」という道路標識が出ている。

信濃国蔦木宿に到着

集落を後にし、蔦木宿の裏手の台地から宿場町を見下ろす。周囲の木々が色付いて綺麗な道なのだが、とにかく勾配が長くきつい。森の中のヘアピンカーブを大汗かきながら上る。冒頭に「長野県の蔦木から韮崎に掛けては断崖が七里続いて……」と書いたが、この坂はその断崖「七里岩」の末端部である。

標高850mの標識を過ぎると家や畑があって景色が開けてくる。遠くに八ヶ岳の稜線が夕日で赤く光り、幻想的な風景だ。標高900mの標識を過ぎると正面に信濃境駅の駅舎が見えて来た。駅前広場に標高922mの標識がある。蔦木宿本陣が727mだったから、2・7㎞の間に200m近く上っている。この坂を酒瓶担いで35分で踏破したのだから、我ながらなかなかのペースである。

夕日に光る八ヶ岳を眺めながら駅までの道を上る

■本日の歩行記録

歩行距離　30・1km
歩行時間　5時間41分
平均時速　5・3km／h
　　　　　（小休止・信号待ち除く）
スタート地点　標高　約360m
最高地点　標高　約920m
ゴール地点　標高　約920m
上り坂　比高差　約600m
下り坂　比高差　約40m

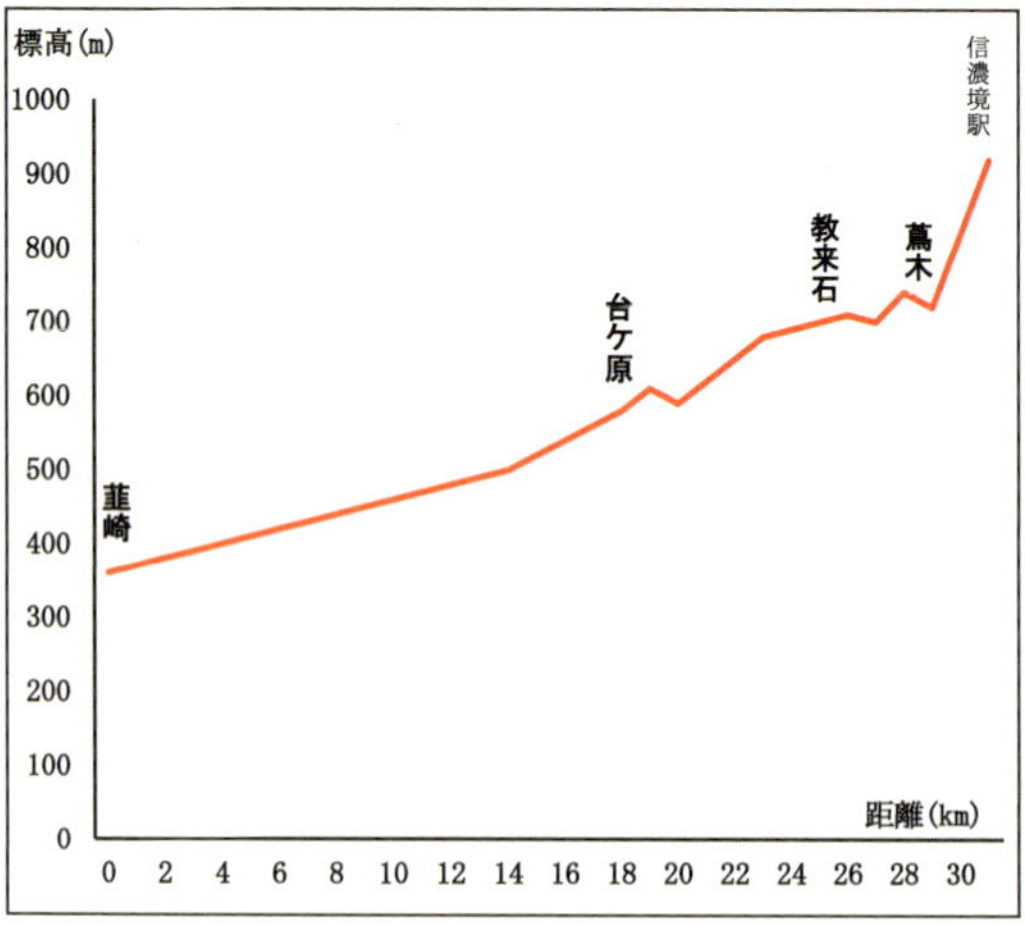

■並行する鉄道駅

韮崎〜新府〜穴山〜日野春〜長坂〜小淵沢〜信濃境（中央本線）
計6駅区間

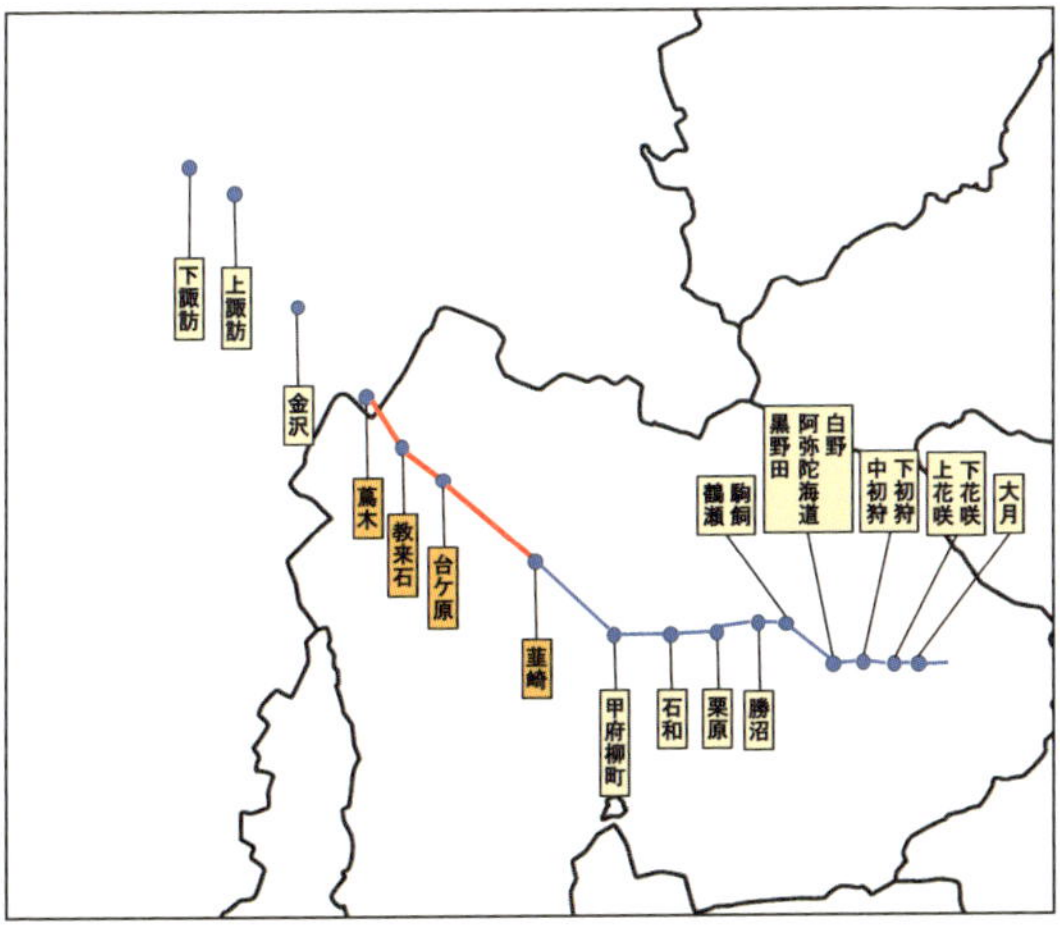

■イラストで見る宿場町

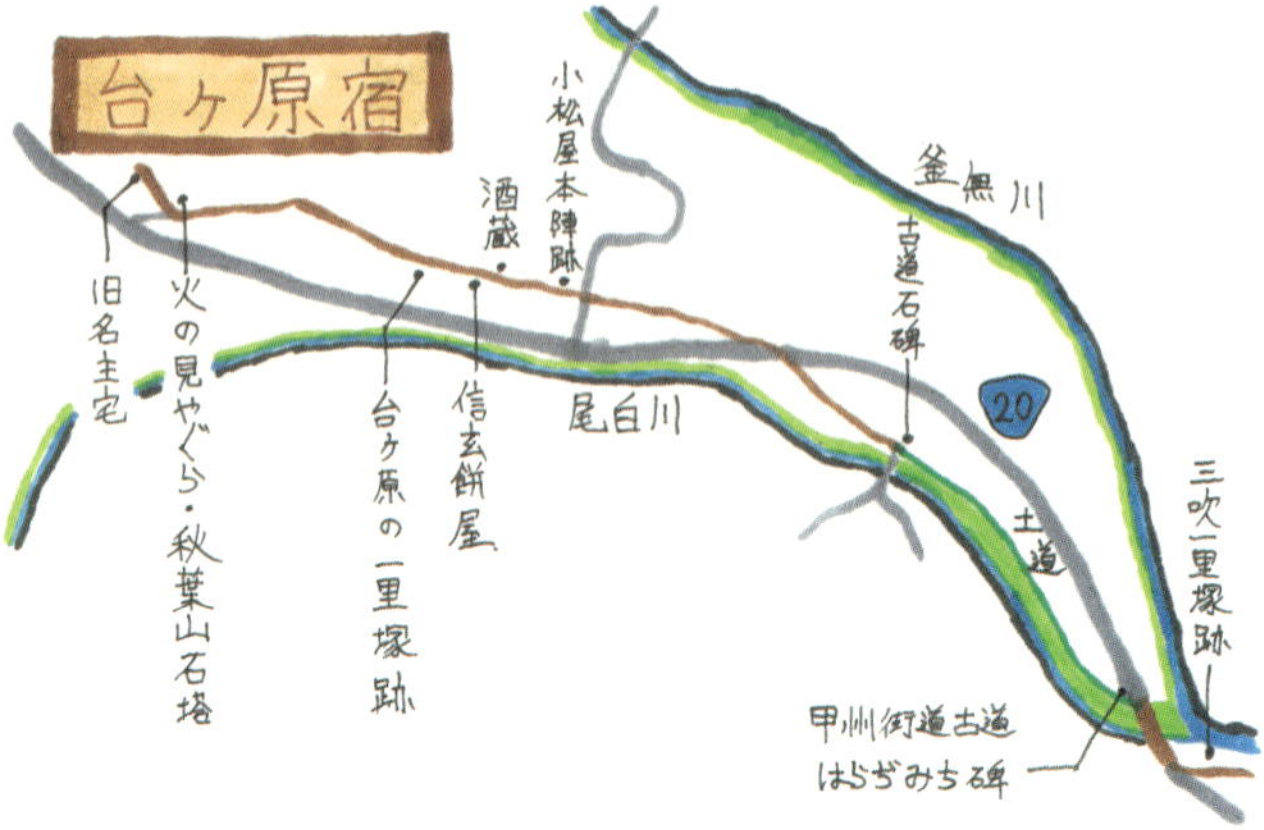
台ヶ原宿
小松屋本陣跡
酒蔵
釜無川
古道石碑
旧名主宅
火の見やぐら・秋葉山石塔
台ヶ原の一里塚跡
信玄餅屋
尾白川
20
土道
三吹一里塚跡
甲州街道古道
はらぢみち碑

蔦木宿
川除古木
北枡形跡
御膳水跡
本陣大阪屋源右衛門跡
南枡形跡
蔦木宿標識
応安の古碑
卍真福寺
20
日蓮上人の高座石
新国界橋
国界橋
(通行止め)
山口関所跡
釜無川

七日目　２０２２年12月30日㈮

行程：42蔦木宿〜43金沢宿〜44上諏訪宿〜下諏訪宿

蔦木宿から金沢宿へ

冬場の甲州街道、特に峠道は雪が降って厳しい道となる。蔦木宿と金沢宿の間には標高９００ｍを越える分水嶺があるので、冬場に歩くのは難しそうだ。しかし長野国道事務所の国道20号線ライブカメラを見ると、雪は殆ど積もっていないようだ。今の内がチャンスとばかりに朝４時台の始発電車で出発する。足元はスノーブーツで固め、下着はスキー用のインナーを着用している。鉄道ファンであれば「耐寒耐雪型１０００番台装備」と表現する所だ。

三鷹、武蔵小金井、大月、甲府と乗り継ぎ、8時8分に信濃境

信濃境駅から蔦木宿まで急坂を下る

駅に到着。降りたのは私一人だけだ。駅前広場に出ると朝日が眩しい。気温はマイナス1℃で吐く息が白くなる。

ここから蔦木宿まで急坂を一気に下る。幸い雪は積もっていないし凍結もしていない。前回大汗をかきながら上った道、距離にして2・7㎞を30分で快調に下る。蔦木宿本陣跡には8時40分に着いた。ここから本日の甲州街道歩きをスタートする。

蔦木宿の出口は北枡形跡といって、クランク状に折れ曲がっている。枡形道址の石碑を過ぎ、石仏や石塔が並ぶ路地を進む。宿場町を出て、今度は国道20号線の緩やかな上り坂を進む。ガイドブックによると、途中で国道から分岐して田んぼの真ん中を進むように書いてあるが、「害獣除け電流ネットがあるので気を付けて通る様に」と注記がしてある。電流ネットは前回で懲りたので、そのまま国道沿いを進んで、上から田んぼの中の道を眺めることにする。

国道の左手に火の見櫓が見えて来た。その傍らに一里塚の跡が残っている。平岡の一里塚（江戸から四十六里）である。ここか

蔦木宿本陣跡

らは国道下のあぜ道を進む。釜無川の土手沿いに広場があり、明治天皇巡幸御野立所跡碑の大きな石碑が三つ建っている。この広場に白砂を敷いて、玉座を据えて野立を行ったそうだ。

一旦国道に戻り、今度は右手の旧道に入る。机という集落である。餅つきの音が聞こえて来た。新年に向けた準備だろうか、明日はもう大晦日である。

韮崎からずっと辿って来た釜無川とはここでお別れとなり、支流の立場川の橋を渡り、瀬沢の集落に入る。古い商店の前を過ぎると道は急な坂道になり、分水嶺に向けて上り始める。日陰のカーブは雪が残り、轍は凍結している。滑らないように轍を避けながら雪を踏み鳴らして上る。20分程上ると眺望が開け、遠くに八ヶ岳の山々が見える。

見晴らしは良いが、風が強くて寒い。道を横切るように松林が見えるが、これは防風林だそうだ。寛政年間に植林したもので、樹齢200年を越えている。防風林の先に塚平の一里塚（江戸から四十七里）があり、榎が生えた北塚が残っている。傍には標高

瀬沢集落の古い商家。ここから急坂となる

950mの標識がある。ずっと歩きっぱなしなので少し休憩する。

この先は比較的平坦な台地を行く。土道を進んで原の茶屋の集落に出ると、明治天皇が休憩された場所や、旅館桔梗屋跡の古い建物がある。街道情緒があるが、路面はツルツルのアイスバーンになっているので、スノーブーツで慎重に進む。左手にはスキー場のゲレンデが見えている。

富士川水系と天竜川水系の分水嶺を越えた。坂を下って一旦国道に合流する。ここからは茅野《ちの》までは宮川沿いに進んで行く。すずらんの里駅の近くを過ぎて、左手の旧道へと進む。雪が残る道を上ると御射山神戸《みさやまごうど》の一里塚(江戸から四十八里)がある。東西両塚が残っており、西塚の欅は樹齢400年にもなるそうだ。標高917mの標識がある。一里塚は旅人が道程を知って休憩できるような目安として整備されたものなので、私もここで休憩する。

ここからはまた下り坂である。雪が凍結した箇所は、トルクを掛けないようにペンギン歩きで突破する。谷の向こう側には中央本線が通っており、EH200形機関車とタンク車の貨物列車が

原の茶屋集落。左の建物は旅館桔梗屋跡

上って行くのが見えた。旧街道には場違いな真新しい社宅が並ぶ道を過ぎ、国道に合流するとほどなく金沢宿に入る。金沢交差点の角が本陣跡だが、標柱と解説板の真後ろに派手な色の防犯看板があって、写真映えは良くない。

金沢宿から上諏訪宿へ

時刻は11時25分。お昼には少々早いが、朝が早かったので既に空腹である。金沢宿には信州そばのお店があるので行ってみる。扉の前で待っていたら丁度開店する所だった。鶏肉のつけそばを注文、なかなか美味であった。お店を出る際に「御年賀です」とそば茶のティーバッグを戴いた。

金沢宿は往時の建物はあまり残っていないが、馬宿跡は当時の姿で残っており、道端に馬繋ぎ石もある。馬二十四頭と馬方を泊めることが出来る大規模な宿で、明治三十八年の鉄道開通まで営業していた。その馬宿だが、今は自家製ワインの生産・販売をし

御射山神戸の一里塚

ているそうで、ワインの看板が出ている。

金沢宿を出ると宮川を渡る。川を渡るとすぐ権現の森という石祠が鎮座している。かつてこの辺りに青柳宿があったが、宮川の洪水や宿場の大火を機に慶安四年（１６５１年）に現在地に移転したそうだ。

旧青柳宿の道を進むと、海藻のような匂いがする。周囲には寒天の天日干しがズラリと並んでいた。ここは寒天の里といい、高原地帯の寒気を生かした天然寒天作りの真っただ中であった。凍結、乾燥を繰り返すフリーズドライ製法で。12月末の寒い中を歩いて来たからこそ出会える風景だ。

寒天の里を後にして国道に戻る。１km程進んだところで中央本線を越えて宮川沿いの田舎道を進み、中央本線をくぐって再び国道に合流する。そんな繰り返しで1時間程歩いただろうか、茅野の市街地に入って来た。国道から少し逸れた所に茅野の一里塚跡（江戸から五十里）がある。日本橋からここまで２００km、我ながらよく飽きずに歩き続けられるものだ。

金沢宿の馬宿跡。今は自家製ワインの販売所

午後になって気温が上がって来たので少々暑い。歩きながらフリースを脱いでナップザックに詰めるが、スキー用タイツが暑いしゴワゴワする。茅野駅でトイレ休憩し、ついでにタイツを脱いでナップザックにしまう。これで下半身がだいぶ身軽になったが、今度はスノーブーツが重く感じる。もう雪はないが、脱いでしまうわけにもいかない。スノーブーツは乾燥路面を長距離歩くには向かないようだ。

現在時刻は13時30分、下諏訪まではあと12㎞の道程だ。冬の日は短いので、出来れば16時には下諏訪に着きたい。それには1㎞を12分台の結構なハイペースが要求される。

茅野を出ると、上原城の城下町だった一帯を通る。上原城は諏訪氏の居城で、諏訪頼重が武田晴信（信玄）により滅ぼされたことで諏訪地方は武田家の領地となった。その後の諏訪氏は、諏訪頼重の娘が武田晴信の側室となり、その息子の四郎が諏訪氏の家督を継ぎ諏訪四郎勝頼と名乗った。後の武田勝頼である。今回は上原城には寄れないが、改めて訪れてみたい場所である。

北八ヶ岳連峰を見ながら茅野に到着

国道20号線から分かれて中央本線をくぐり、今度は山裾の田舎道を行く。多少のアップダウンがあり、沿道には石碑や常夜燈が点在する典型的な旧街道だ。神戸《ごうど》の一里塚跡（江戸から五十一里）の石碑を過ぎ、そこから40分程進むと上諏訪の宿場町に入る。

上諏訪宿から下諏訪宿へ

上諏訪宿は国道20号線沿いに古い建物が並んでいる。道が狭くて交通量が多く渋滞しているのは難点だが、宿場町の街並みとしては申し分ない。宿場町の入口近くに清酒の蔵元があり、中を見学したいがあまり時間がないので自重し、中庭で5分程休憩するに留める。

少し進むと、道の左右に清酒の蔵元が向かい合っている。両蔵元の前の交差点の名前は鍵之手、かつての枡形で、甲州街道がクランク状に折れ曲がっている。交差点を過ぎて右手の二軒目も蔵元、更にその四軒先の立派な土蔵も別の蔵元だ。五軒の蔵元が狭

上諏訪宿の鍵之手（枡形）。道の両側に酒蔵が立ち並ぶ

い範囲に集中しており、是非飲み比べをしにゆっくりと再訪したい。

宿場町の中心である本陣はここから300mくらい先にある。しかし本陣周辺は新しい建物か駐車場しかなく、本陣跡を示す標柱すら見当たらないのは非常に残念なことだ。

上諏訪宿を後にして本日の最終コースへと進む。時刻は15時を回ったところだ。住宅地の真ん中に下桑原の一里塚跡（江戸から五十二里）の立派な石碑と解説板があった。その先で道は曲がりくねりながら坂を上って行く、沿道には諏訪藩の菩提寺である温泉寺、児玉石神社、白山社、先宮神社などお寺と神社が並んでいる。

上諏訪宿は諏訪湖畔に立地しているが、これまで諏訪湖を全く目にしないまま山裾を歩いて来た。いつになったら湖が見えるのかと思ったら、目の前がいきなり開けて諏訪湖のパノラマが見えて来た。道と諏訪湖の間は棚田になっており、湖面も棚田の畦道も夕日を受けて光っている。日本の原風景とも言える美しい景色

夕日に輝く諏訪湖と棚田

に息をのむ。

　土蔵や旧家が立ち並ぶ道を更に進む。左手に立派な日本建築が見えて来た。橋本政屋という茶屋の跡で、時には諏訪のお殿様がお忍びで来て諏訪湖の眺めと料理を楽しんだそうだ。立派な門は高島城の三の丸門を移築したものと伝わる。

　諏訪湖を見下ろす高台から住宅地に入って来た。富部の一里塚跡（江戸から五十三里）の石碑がある。時刻は15時55分、下諏訪宿まではあと1㎞である。

　10分程歩いて諏訪大社下社秋宮の前に出た。境内は初詣の準備をしており、途方もなく大きな賽銭箱が据え付けられている。今日は普段の日なので、巨大御賽銭箱の奥の普通の御賽銭箱の方でお参りをする。

　お参りを済ませて鳥居まで戻る。旧甲州街道は諏訪大社の横の道を進み、丁字路で中山道と合流して終点となる。16時15分、何とか冬の日がある時間に着くことが出来た。

　いざゴールしてみると、歩き切った達成感より、何かホッとし

諏訪大社下社秋宮。甲州街道の終点はすぐそこだ

たような妙な感じである。以前に東海道五十三次を歩き切った時には少し涙が出たが、今回は不思議と涙は出ない。最後が慌ただし過ぎたせいだろうか、何かやり残したような妙な気持ちである。道中の気になった場所をもう一度ゆっくり訪れてみれば、このやり残した感は解消するのかもしれない。

その場にずっと居続けても仕方がないので、和菓子屋で塩羊羹をお土産に買ってから、坂道を下りて下諏訪駅に向かう。駅に着くと丁度上り電車が入って来た。今日は重いスノーブーツで歩いたから、足がクタクタである。隣の上諏訪駅のホームに足湯があるので、まずはそこに行って足の疲れを和らげてみよう。今夜は諏訪湖の鰻を食べて、片倉館の千人風呂（昭和初期の洋風建築、国指定重要文化財）に入浴してから夜遅くに帰る予定である。

甲州街道の旅はここで終点。丁字路の奥は中山道

上諏訪・片倉館の洋風建築

諏訪湖名物の鰻で一杯

■本日の歩行記録

歩行距離　35・2km
歩行時間　6時間53分
平均時速　5・1km／h
　（小休止・信号待ち除く）
スタート地点　標高　約920m
最高地点　標高　約970m
ゴール地点　標高　約770m
上り坂　比高差　約280m
下り坂　比高差　約430m

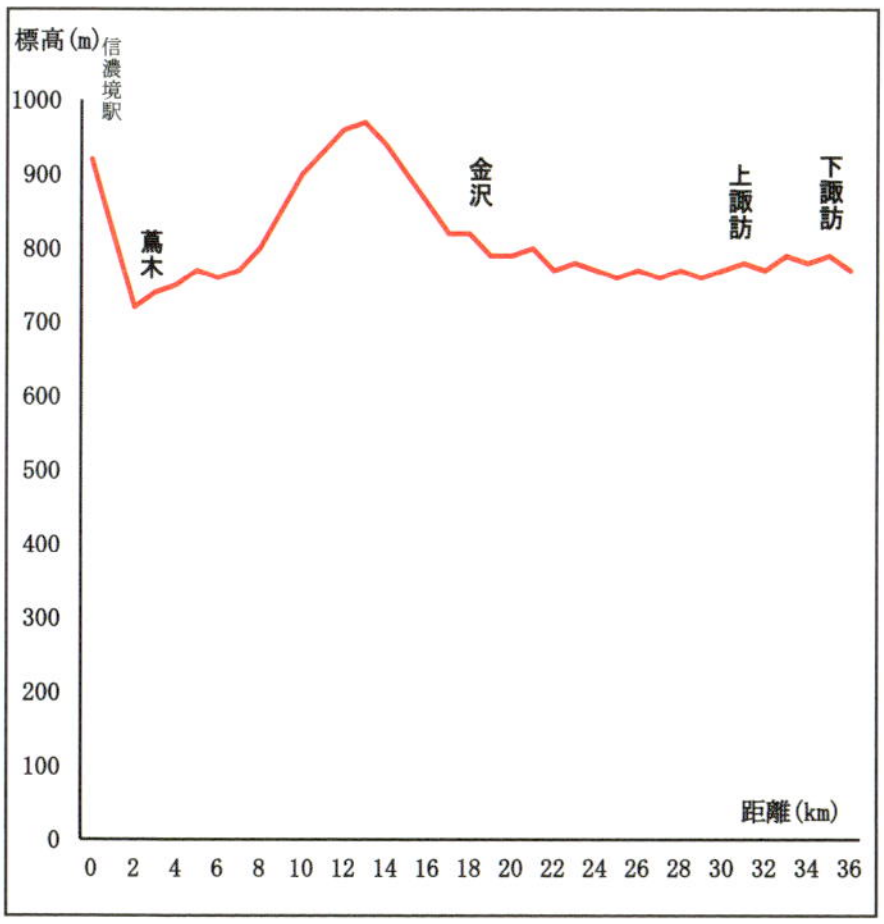

■並行する鉄道駅

信濃境〜富士見〜すずらんの里〜青柳〜茅野〜上諏訪〜下諏訪（中央本線）

計6駅区間

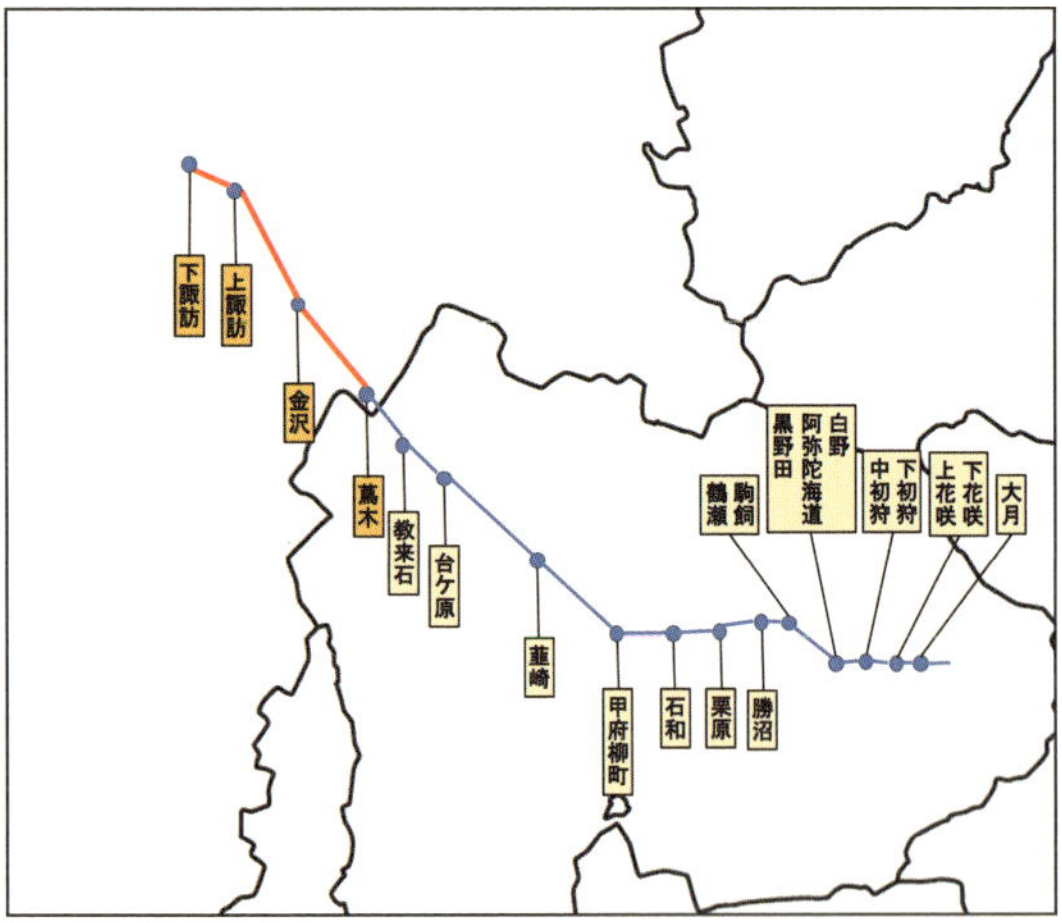

■イラストで見る宿場町

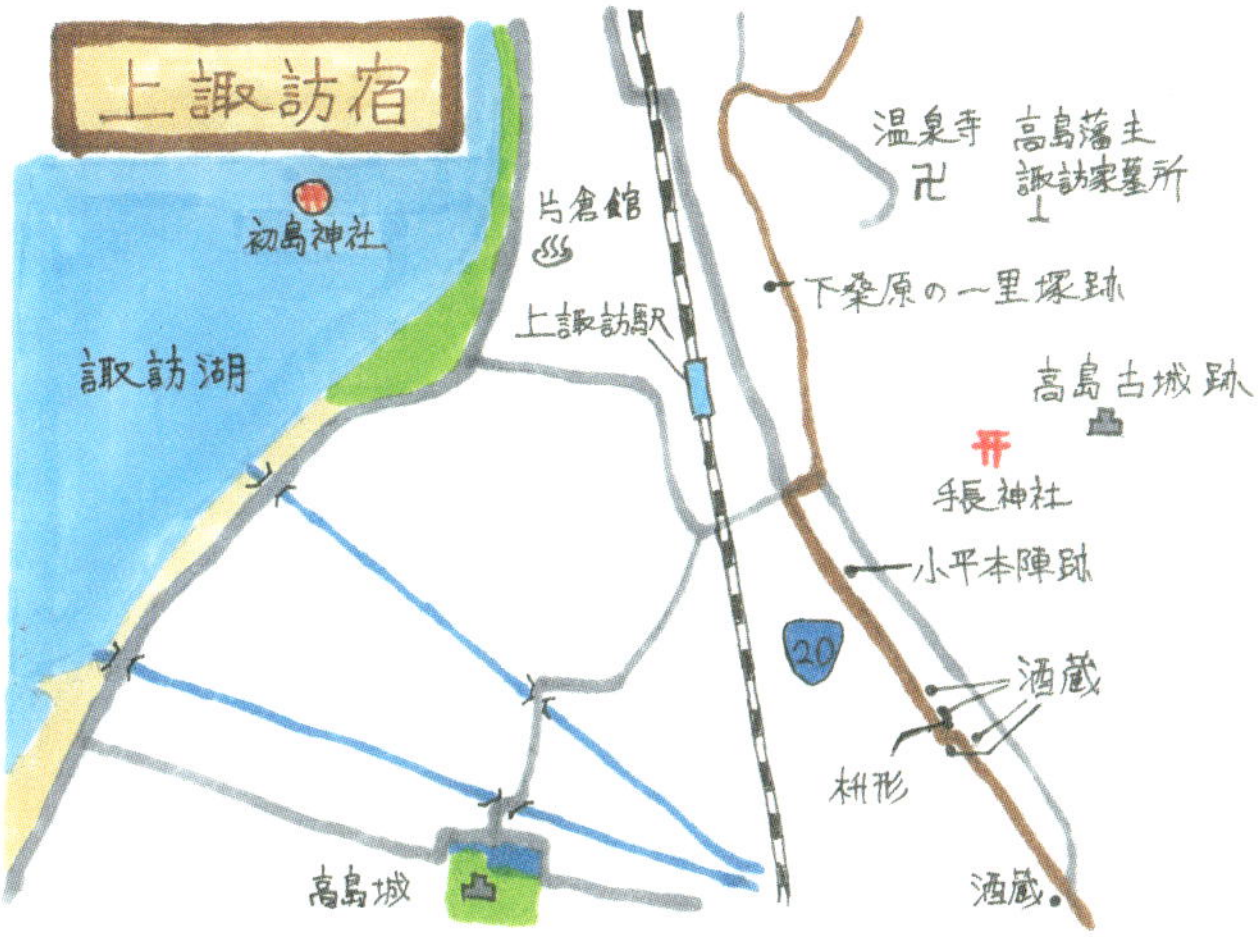
上諏訪宿
初島神社
片倉館
上諏訪駅
諏訪湖
温泉寺
高島藩主
諏訪家墓所
下桑原の一里塚跡
高島古城跡
手長神社
小平本陣跡
20
酒蔵
枡形
高島城
酒蔵

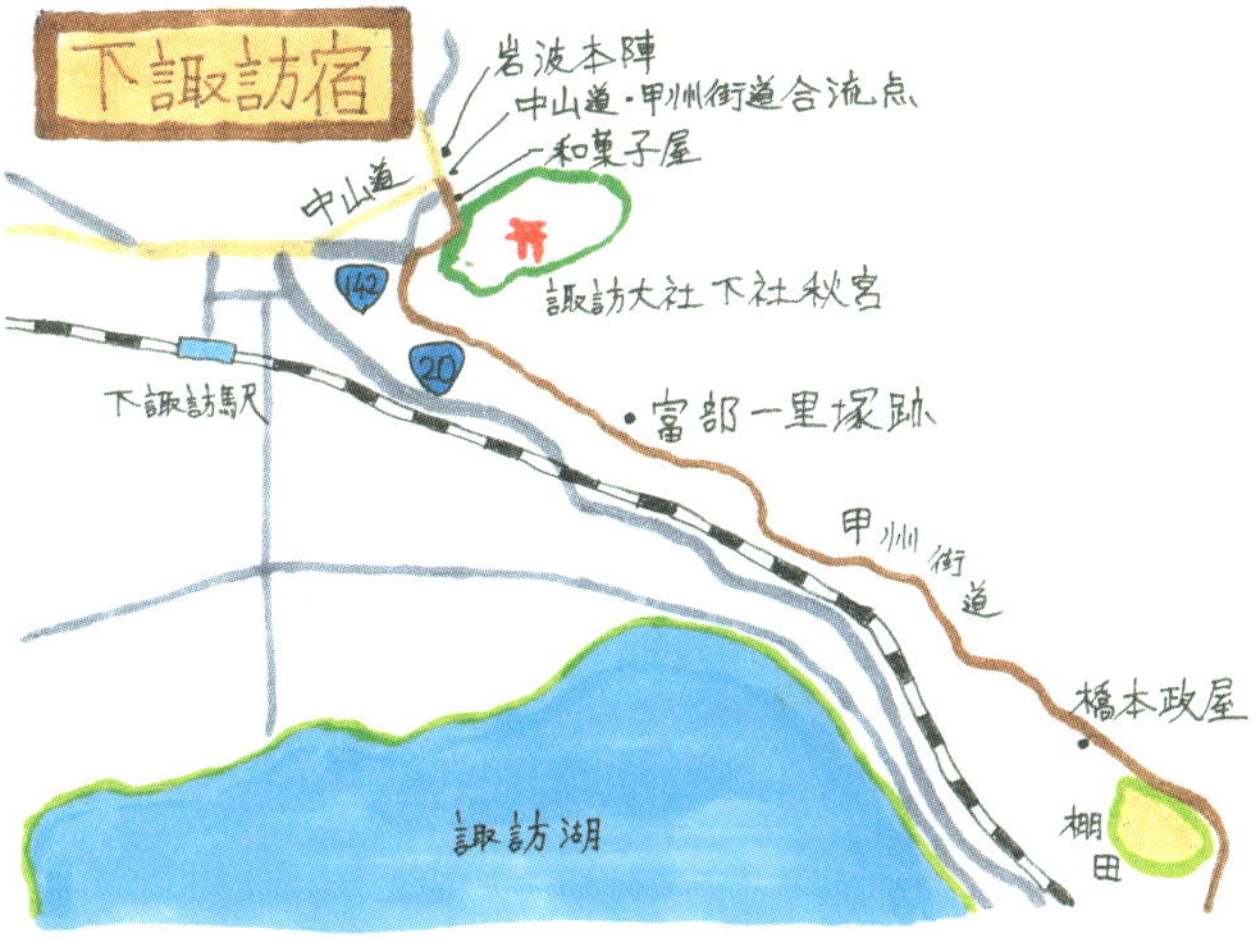
下諏訪宿
岩波本陣
中山道・甲州街道合流点
和菓子屋
中山道
142
諏訪大社 下社秋宮
20
下諏訪駅
富部一里塚跡
甲州街道
橋本政屋
棚田
諏訪湖

◆甲州街道てくてく歩き・旅の記録

開始日：２０２２年９月３日
完了日：２０２２年12月30日
所要日数：計７日間
総歩行距離：２３１・７km
総歩行時間：47時間16分
平均時速：４・９km／ｈ（小休止・信号待ち除く）
電車に乗った本数：32本
交通費：２万５９７６円
宿泊回数：０回
飲食費：１万７０００円くらい。内、半分は上諏訪の鰻屋で使った
お土産：勝沼ぶどう、甲州ワイン、日本酒、信玄餅、塩羊羹

◆旅の装備品　通常装備（一般形0番台）

ナップザック。中身は下のアイテムと着替え

歩きやすいスニーカー

ウレタンマスクと帽子

イヤホン。ヘビメタを流すと歩行速度が上がるパワーアップアイテム

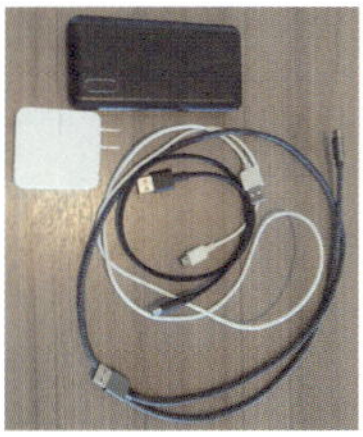

充電器とリチウム電池。スマホの充電切れ対策

スマホ。歩行記録、ナビ、カメラ、音楽にと大活躍

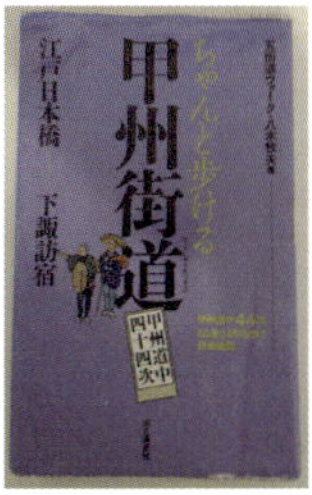

ガイドブック『ちゃんと歩ける甲州街道　甲州道中四十四次』地図ガイドと街道沿いの史跡が載っている優れもの

◆旅の装備品　冬装備（耐寒耐雪形1000番台）

スノーブーツ。ハイカット仕様で雪侵入防止と雪路面の滑り止め対策を兼ねる

スキー用インナーウェア、スキー用タイツ、厚手の靴下

革手袋。裏地付きで暖かい

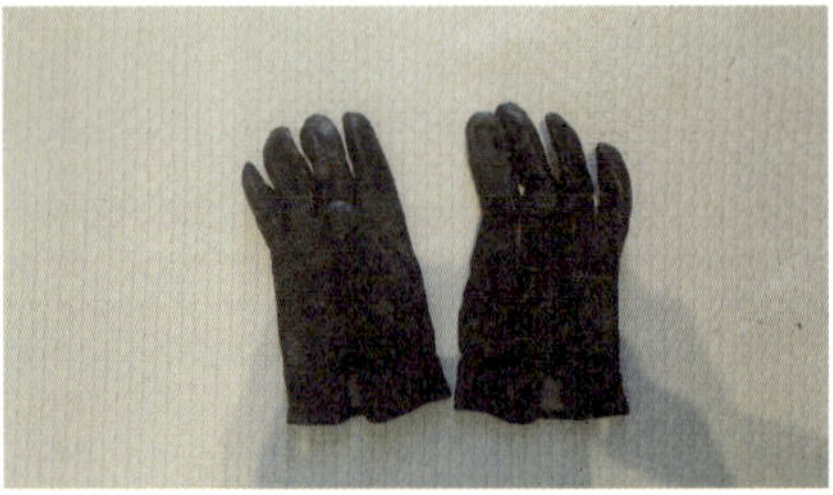

第二章　多摩・新選組紀行

本編冒頭に書いた通り、今回の甲州街道を歩く旅の前半は新選組（甲陽鎮撫隊）の行軍とイメージを重ねていた。往時の標準的な日程に合わせ、江戸・日本橋から日野宿まで一日で歩いたが、結果として沿道の新選組ゆかりの史跡をすべて素通りすることになってしまった。

そこで、改めて多摩に点在する新選組ゆかりの地を歩いてみることにする。今回も電車と自分の足が頼りだ。もし読者の方で同じコースを辿る方がいたら、都内発の数時間のミニハイキングコースとして楽しんでもらいたい。

近藤勇胸像（三鷹市・龍源寺）

牛込柳町・試衛館跡（訪問日　2023年2月19日）

新選組のルーツを辿るからには、まずは江戸の本拠地である試衛館道場からスタートしたい。試衛館道場の道場主はもちろん近藤勇、天然理心流の四代目である。実は多摩（上石原村、現在は調布市）の農家の生まれで、三代目近藤周助の養子だったそうだ。蛇足ながら近藤周助も多摩（小山村、現在は町田市）出身で、養子として近藤家を継いでいる。

試衛館道場は牛込柳町にあったと伝わる。牛込柳町は大久保通りと外苑東通りが交わる市谷柳町交差点付近にあり、都営大江戸線の牛込柳町駅が最寄りとなる。牛込柳町と市谷柳町、どちらが正しいのかと思うが、旧牛込区の南半分が市谷地区で、その中の柳町なので、どちらも正解のようだ。住居表示と交差点は市谷柳町、駅名は牛込柳町だが、これは東京市電の路面電車があった頃、小石川の柳町と区別するために当時の区名を冠したらしい。試衛館道場があったのは牛込か小石川かという議論もあったそうだが、

牛込柳町の試衛館道場跡付近

新選組二番隊組長だった永倉新八が書き残した記事から現在の場所が特定出来たそうだ。

牛込柳町の地形は谷になっており、アプローチを誤ると急坂を上り下りする羽目になる。ちなみに市谷柳町交差点は、昭和四十年代には排気ガスの交通公害で有名だった場所だ。現在では排気ガスの有害成分や黒煙が減り、交差点付近に負のイメージはない。

話が脱線してしまったので、そろそろ試衛館道場を目指す道に戻ろう。市谷柳町交差点から大久保通り沿いに坂を上り、病院脇の道を右に入る。続いて老人介護施設の脇の路地に入り、階段を数段下りると稲荷神社、その脇に試衛館道場跡の標柱が建っている。実は私は標柱を見落としてしまい、一旦行き過ぎて再び戻って、やっと標柱を見つけた。

試衛館道場跡の正確な位置はよくわかっていないが、私は老人介護施設の建物に目印を付けて、目を閉じて往時を偲んでみた。残念ながら、当時の竹刀の音が甦って聞こえたりはしなかった。

試衛館の痕跡はこの標柱のみ

上石原・近藤勇生誕の地（訪問日　2023年4月1日）

新選組局長の近藤勇は多摩・上石原の生まれと伝わる。上石原とは現在の京王線西調布駅から調布飛行場の一帯で、西調布駅周辺は住宅地だが、甲州街道より北側は学校や公園が多い緑豊かな地域だ。ちなみに上石原村は隣接する飛田給村と村域が入り組んでおり、近藤勇の生家は上石原村の飛び地になるそうだ。

近藤勇の生家があるのは調布市野水。調布飛行場と野川公園の間で、最寄り駅は西武多摩川線の多磨駅である。中央線の武蔵境駅から西武多摩川線に乗り換える。近代的な高架ホームにやって来たのは新101系4両編成のワンマン電車。車体は新製当時のカラーリングを復元した黄色とベージュのツートン、つまり「昭和の塗装色」である。20m3ドアの車体は普段乗りなれた通勤電車よりもロングシートの座席が長く、それだけでローカル線ムードを感じる。

多磨駅は単線の線路に片面ホームがあり、真新しい橋上駅舎が

西武多摩川線の電車（新101系）

建っていて、いかにも「郊外の駅」というイメージだ。元々はホームが2面ある行き違い可能な駅構造で、構内踏切もあったそうだが、2020年に橋上駅舎に移った際に行き違い設備と構内踏切は撤去されたそうだ。東京外語大の最寄り駅だからか、学生らしい若い人が多い。

多磨駅から人見街道に出て東に歩く。人見街道は道幅が狭くて、いつも渋滞しているイメージがあるが、この日も道路工事の関係で大渋滞しており、あまり快適に歩ける道ではない。1㎞程進むと府中市から調布市に入り、更に三鷹市の標識が出てくるので面食らう。この辺りは府中市朝日町・調布市野水・三鷹市大沢と市境が複雑に入り組んでいる。

左手に白い碑と看板が見えてきた。そこが近藤勇の生家、宮川家の跡だ。傍らには産湯の井戸と小さな社があり、社は近藤勇を祀った「近藤神社」だそうだ。宮川家は裕福な農家だったそうで、勇は天保五年（1834年）に宮川家の三男として生まれ「宮川勝五郎」と名付けられている。十五歳の時に天然理心流の門人と

近藤勇の生家、宮川家跡

なり、翌年に天然理心流三代目の近藤周助との養子縁組をしたと伝わる。

近藤勇の生家の敷地は表側に人見街道、裏側に多磨町通りと、両側を道に挟まれた三角形の形をしている。多磨町通りの向かい側は広大な都立野川公園で、この日は土曜日なので公園駐車場を出入りする車が多い。近藤勇生家の一角だけが静かである。

道路を挟んだ反対側にある古い建物は撥雲館《はつうんかん》、明治九年（1876年）に天然理心流五代目の近藤勇五郎が宮川家の敷地内に開いた道場だ。近藤勇五郎は近藤勇の兄、宮川音五郎の次男で、近藤勇の一人娘である瓊《たま》と結婚して近藤家五代目を継いだ。撥雲館という道場名は山岡鉄舟が名付け、「暗雲を取り除く」という意味だそうだ。

現在この地に保存されている建物は昭和七年の改築で、昭和五十年代まで門人による稽古が続いたとのこと。調布飛行場の建築や人見街道の拡幅で再々移築されながら、今日も近藤家の敷地内に建っているそうだ。ちなみに道場の裏手は畑、その更に向こ

天然理心流近藤道場撥雲館

うは調布飛行場の滑走路が広がっている筈だが、木々があって滑走路までは見えない。

　次に近藤勇のお墓にも足を延ばしてみる。近藤勇のお墓といえば、永倉新八が発起人となり板橋宿に建てたものが有名だが、生家の近くにもちゃんとお墓がある。近藤勇の生家から人見街道を250m程進むと龍源寺というお寺があり、入口左手に近藤勇の胸像と碑が、お寺の中に入ると本堂裏手の一等地にお墓がある。胸像の近藤勇さんは正面から見ると口が「への字」になった厳しい表情だが、左斜めから見ると目元と口元に微かな笑みを浮かべているようにも見え、非常にいい顔をしていた。

　帰りは京王線の西調布駅に出る。約3㎞の道程だ。四月の春の陽気の中を野川沿いに歩く。川沿いには桜、河原には菜の花が咲いていて綺麗だ。天文台通りに出たら南へ向かう。この道はバスも通っているが、歩道が整備されている上に、学校や公園の傍を通るので気持ち良く歩ける。風に乗って飛んできた桜の花の直撃を顔に受けて花粉だらけになるが、それもまた季節感だ。

野川沿いを歩く。ちょうど桜が咲いていた

中央自動車道の高架をくぐり、国道20号を渡って更に南に進む。西調布駅入口交差点で旧甲州街道と交わると、目的地の西光寺は近い。この西光寺は甲州鎮撫隊が行軍の際に休憩した場所で、門の脇に近藤勇の座像がある。刀を差して腕組みする感じは一見近寄りがたいが、目元の表情は柔らかく、近藤勇に対する地元の愛情と親しみが込められているようだ。

京王線西調布駅に着いた。ロータリーには「誠　新選組局長近藤勇生誕の地　上石原」の大看板が出ている。ホームで電車を待っていると、電車接近を知らせる放送と共に大河ドラマ『新選組！』のオープニングテーマの一節が流れて来た。下りホームと上りホームで別のフレーズなので、ホームを移動しながら両方のメロディーを確認する。そうこうする内、西調布駅に30分も滞在してしまった。

西光寺の山門と近藤勇の座像

◈イラスト地図で見る上石原

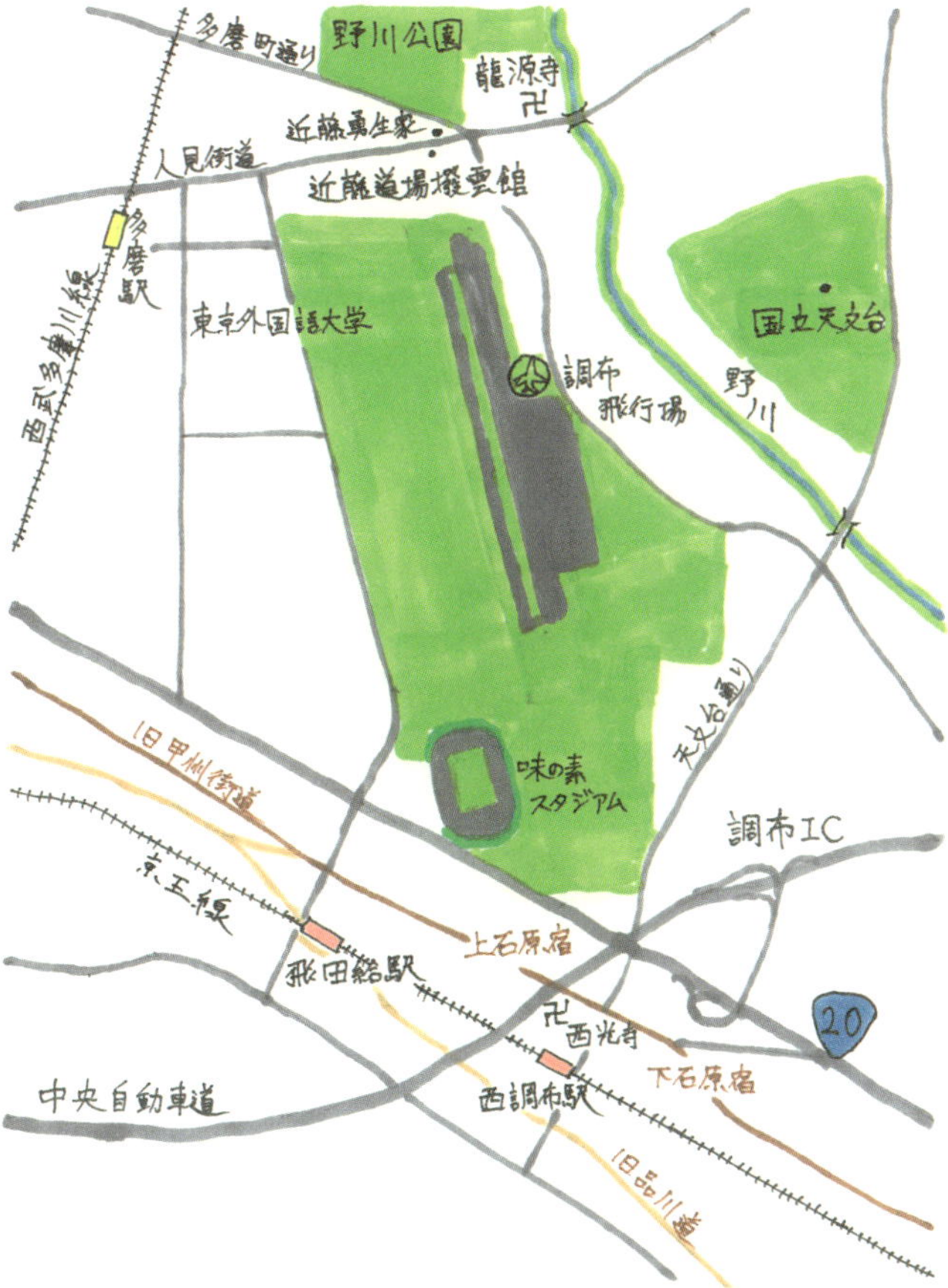

日野宿紀行（訪問日　2023年2月19日）

甲州街道の各宿場の中でも日野宿は特別な地で、新選組の強力な支援者である佐藤彦五郎が名主を務めており、本拠地と言える場所だ。幸いにも日野宿本陣の建物は現存しており、見学することが出来る。また日野には新選組、佐藤彦五郎、土方歳三にまつわる資料館や旧跡が点在している。そこで今回は都内から日帰りで日野を訪れて、新選組のルーツをのんびりと回ってみる。

八坂神社

ＪＲ中央線日野駅から日野宿の中心部に向かって歩くと、右手に日野宿の鎮守である「八坂神社」の境内が見えてくる。本殿は新しいビルのような建物になっており、さほど風情はないのだが、この神社には天然理心流の奉納額が納められており、新選組紀行をする人が必ず立ち寄る場所である。

八坂神社の境内

境内に奉納額の解説板がある。安政五年（１８５８年）に奉納されたもので、天然理心流三代目の近藤周助と日野・佐藤道場の門人25名の名が連なっており、日野宿名主にして道場主の佐藤彦五郎は無論のこと、井上源三郎（後の六番隊組長）や沖田惣次郎（後に総司に改名、一番隊組長）の名前もある。額の最後には嶋崎勇の名前があり、これは後の近藤勇のことだ。近藤周助の実家である嶋崎家の養子として、当時は嶋崎姓を名乗ったそうだ。土方歳三の名前が見当たらないが、土方歳三は額を納めた翌年の安政六年に天然理心流に正式入門しているため、この額には名を連ねていない。

日野宿本陣

八坂神社から4～5分歩くと「日野宿本陣」に着く。ここは都内で唯一残る江戸時代に建てられた本陣建物で、日野宿名主の佐藤彦五郎の本陣兼自宅であった。現在の建物は元治元年

八坂神社に伝わる天然理心流奉納額の説明板

（1864年）の完成で、前の建物が火災焼失したため新たに建てたものだそうだ。

門をくぐって敷地内に入るとまず式台付きの立派な玄関があり、建物の左手に回り込むと建物入口がある。式台付き玄関は大名など身分が高い人専用なので、一般人はこちらから出入りする。

ボランティアの方にガイド解説は要りますか？　と尋ねられたので、是非にとお願いをする。建物の見所を教えて戴いた上に、佐藤彦五郎と土方歳三の関係など、展示だけでは分からないエピソードも教えて戴いた。

土方歳三は天然理心流への入門は一番遅いのに、新選組副長に指名されている。実は佐藤彦五郎本人も浪士組に参加したかったが、名主の身分では日野宿から動くことが出来ないので、代わりに義理の弟である土方歳三に京都に行ってもらったのだそうだ。つまり土方歳三は佐藤彦五郎の名代なので、兄弟子である井上源三郎や沖田総司を差し置いて、一味のボスである近藤勇に次ぐ副長という要職に就いている。

日野宿本陣。ここは身分が高い人専用の式台付き玄関

その後佐藤彦五郎は近藤勇と土方歳三が甲陽鎮撫隊を組織して甲府城に向う際、自ら「春日盛《さかり》」と称し、農兵隊（春日隊）を率いて加わった。勝沼の戦いに敗れて奥多摩に身を隠したが、日野宿有志の嘆願により何とか公職復帰出来たそうだ。

ガイド解説を聴いた後、建物内を見学する。一番手前は主屋や茶の間、仏間で、つまり佐藤家の居住空間となる。式台付き玄関から先は本陣の宿泊施設で、玄関右手に控えの間が二部屋ある。奥の部屋には、箱館戦争から土方歳三の遺髪と写真を持ち帰って来た市村鉄之助（土方歳三の小姓）が匿われていたと伝わる。

控えの間から更に奥へ進む。下の間、中の間と、進むにつれて部屋の装飾品やふすま、欄間、床の間など格式が高くなっていく。かつては更に奥に御前の間、上段の間があったのだが、移築されて現存しない。移築と同時に中の間の調度品をグレードアップして、上段の間相当の格式に合わせたそうだ。

各部屋を見学した後、土間に戻って御勝手から庭に出てみる。冬だが陽射しが差し込んで、暖かく居心地が良いお庭であった。

日野宿本陣の中庭

昔は池もあったそうだが現存しない。庭から建屋を改めて見ると、御前の間と上段の間を切り離した部分がオリジナルの建物とはどことなく違うのが分かる。

もう一度御勝手に戻り、今度は展示室に行ってみる。テレビスクリーンと椅子があって、新選組の経緯を紹介するビデオが流れていた。時が経つのを忘れてつい通して見てしまう。結局日野宿本陣には1時間程滞在し、先ほど解説をしてくれたボランティアガイドさんにお礼をして建物を辞した。

門を出て右手を見まわしてみる。駐車場になっている場所にはかつて佐藤道場が建っていたそうだ。天然理心流の額を奉納した門人25人を始め、日野近辺の農家の子息が剣術稽古に励み、また牛込柳町の試衛館道場から近藤勇や沖田総司が稽古を付けに出張して来た場所である。そして何よりここは近藤勇と土方歳三が出会った歴史的な場所である。往時の竹刀の音が聞こえたような気がしたのは気のせいだろう。

日野宿本陣の門。かつての佐藤道場は門の左手にあった

日野宿交流館・観光案内所

日野宿本陣の向かいには日野市立の「日野宿交流館・観光案内所」がある。建物の中は観光案内所とお土産屋、それに日野宿の歴史や文化を紹介する展示室がある。

まず二階の展示室を見る。甲州道中の解説パネルや日野宿を再現したジオラマ、それに日野宿や周囲の村との関係や日野の渡しの変遷に関する展示もあり、歴史好きには見応えがある。これだけの展示を整備して戴いた上に、すべて無料で見られるとは日野市に感謝をしなければならない。

一階に下りて観光案内所でパンフレットを物色する。「日野市観光マップ」という地図入りパンフレットが使いやすそうなので、一部頂戴する。お土産屋さんで新選組グッズも見てみるが、派手な新選組隊服柄のグッズを家や会社で普段使いするわけにもいかないので、残念だが何も買わずに辞する。

日野宿には往時の様子を偲べる史跡が点在する（写真は高札場跡）

佐藤彦五郎新選組資料館

続いて「佐藤彦五郎新選組資料館」を訪問する。この資料館は日曜日の昼間のみ開館しているので、日野宿見学は是非日曜日に行くことをお勧めしたい。場所は日野宿本陣のすぐ裏手、この時点で鋭い方はピンと来るかもしれないが、日野宿本陣と敷地繋がりの家に住んでいる佐藤彦五郎さんのご子孫の方が、お住まいの一角を個人で整備して、資料館として公開して戴いている。

資料館の外観は南欧風デザインの住宅で、冬の午後の陽射しを浴びて暖かそうだ。開館日は資料館入口に「誠」の幟が立っているので迷うことはないが、平日であれば気が付かずに通り過ぎてしまいそうだ。入口でスリッパに履き替えて中に入る。

展示資料はどれも一級品で、土方歳三が佐藤家に贈った刀や、近藤勇から譲り受けた短銃、他にも土方歳三や沖田総司の書簡など、佐藤彦五郎が新選組メンバーにとってどれほど大事な人だったかが伝わって来る。

佐藤彦五郎新選組資料館。辺りは住宅地

各資料の詳しい経緯やエピソードを館長さん自ら説明して戴いた。佐藤彦五郎が十二代目で、館長さんは十六代目の子孫、つまり佐藤彦五郎の玄孫にあたるそうだ。とても気さくな素敵なおばさまで、私みたいな個人見学者にも当時のエピソードを教えて戴いた。内容はどれも新鮮で、私の拙い文章ではうまく伝えられる自信はない。興味を持った方は是非現地に足を運んで戴き、館長さんのお話を伺うことをお勧めする。

ふと壁の写真展示に目を奪われた。明治初期の日野宿の様子である。佐藤家に伝わるということは佐藤彦五郎氏の撮影と思われるが、明治初期の普段着の風景写真は珍しい。というのも日本に写真技術が伝わったのは安政年間であり、その十数年後の明治初期の時期に写真機を個人所有するのはかなり珍しく、行事や祝典の記念写真は残っていても、普段着の風景写真はあまり残っていないのだ。それを何気ない展示で現代に伝えて戴いていること自体が素晴らしい。館長さんにお礼を言って資料館を辞する。

資料館前の道に沿って用水路が通る

新選組のふるさと歴史館

次に訪問するのは「新選組のふるさと歴史館」。この施設は日野市が運営しており、場所は日野宿から坂を上った台地の上にある。健脚派なら10分くらいの道程だ。建物外観は図書館のような感じだが、大きな「誠」の旗が飾られているのでそれとわかる。

館内に入ると土方歳三の肖像画が爪楊枝アートで再現されているのが目に入る。展示は新選組の設立から終焉までの経緯に加え、浪士組を設立した清川八郎や、京都から江戸に戻った浪士組のその後までを扱っている。

新選組の歴史については改めて触れるまでもないので省略するが、京都から江戸に戻った方の浪士組のその後はあまり知られておらず、ちょっと紹介しておきたい。そもそも浪士組は庄内藩出身の清川八郎が「将軍上洛の警護」という大義名分で幕府の許可を取り付けて結成し、京都に着いたその晩に「実は尊王攘夷の先鋒となるためである」と朝廷に建白書を出す流れとなる。芹沢鴨

新選組のふるさと歴史館

や近藤勇ら後の新選組メンバーは清川とは袂を分かち京都に残留したが、残る約200名は清川とともに江戸に引き返している。

江戸に戻った清川八郎は幕府方に暗殺されたが、残った浪士組は新徴組《しんちょうぐみ》として再組織され、高橋泥舟と山岡鉄太郎（鉄舟）の監督の下で、庄内藩預かりの江戸市中警備の組織となった。当時の江戸市中では薩摩藩が幕府揺さぶりのために放火・略奪など挑発行為を繰り返しており、新徴組は薩摩藩との抗争の主役となり、薩摩藩邸焼討事件を仕掛けて戊辰戦争の発端となっている。

土方歳三生誕の地・石田村

次は土方歳三の生家と墓所がある石田寺《せきでんじ》を訪問する。どちらも旧石田村、今の日野市石田にあり、日野宿から約3㎞の道程だ。

梨や葡萄の果樹園が点在する田舎道を行く。この辺りは多摩川梨の産地だそうだ。ちょっと寄り道して万願寺の一里塚跡に向かう。旧甲州道中は当初は日野ではなく万願寺で多摩川を越えてお

万願寺の一里塚跡

り、当時の一里塚跡の土塁が残っている。土塁の頂上には榎、斜面には芝が植えられ、公園のように整備されている。すぐ上を多摩都市モノレールが通っており、甲州街道駅から万願寺駅に向かう車窓の左下に見える筈だ。

土方歳三の生家は多摩都市モノレールの万願寺駅からほど近い場所にある。立派な石の門柱に土方の表札を掲げた大きな家で、土方歳三資料館を併設しているが、現在休業中で中には入れない。土方家は石田散薬という薬の製造・販売を手掛ける裕福な農家だったそうだ。

続いて石田寺に向かう。土方歳三生家から徒歩7〜8分、都立日野高校の近くにある。境内に入ると土方家のお墓だらけで、どれが土方歳三のお墓か、前情報なしに探そうとすると一苦労である。これから訪れる方のために場所をお伝えすると、山門を入ってすぐ右手に入ると小さな看板があり、それに従って進めばきっと見つかる。

土方歳三は箱館で戦死・埋葬されているので、ここにあるお墓

土方歳三のお墓がある石田寺

に本人のお骨があるわけではないが、最後まで戦い続けた土方歳三の冥福を祈り、手を合わせる。

　そろそろ陽が落ちて来たので帰途に就く。ここから最寄りの鉄道駅は京王線の高幡不動駅で、浅川の橋を渡って1・3㎞、15分程の道程だ。折角高幡不動まで来たので、境内にある近藤勇・土方歳三顕彰碑と土方歳三像を見に行く。土方歳三像はハンサムで凛々しく、小説やドラマに出てくる格好良い土方歳三そのものであった。

土方歳三の立像（日野市・高幡不動）

◆イラストで見る日野

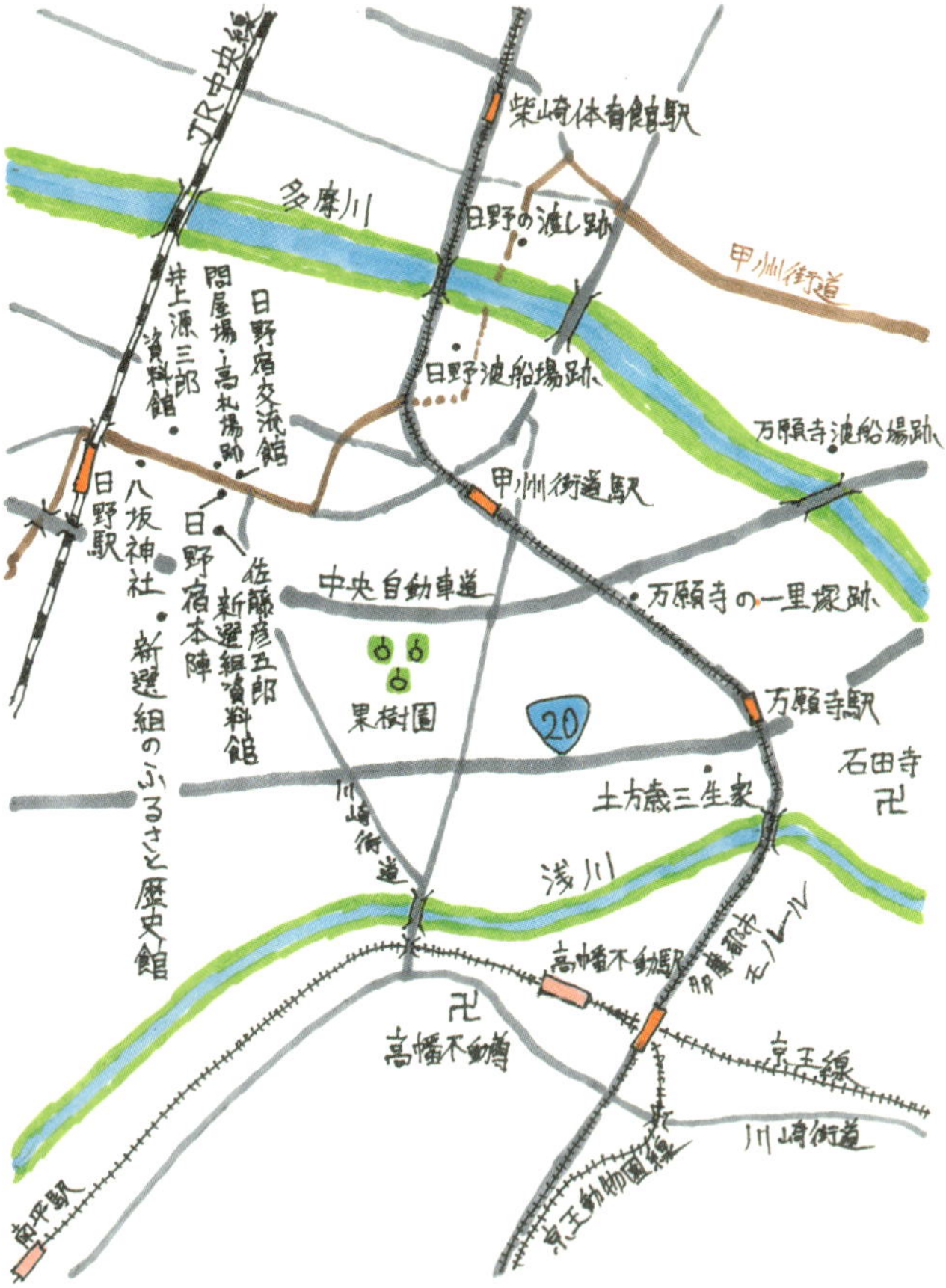
JR中央線
柴崎体育館駅
多摩川
日野の渡し跡
甲州街道
日野渡船場跡
万願寺渡船場跡
甲州街道駅
井上源三郎資料館
問屋場・高札場跡
日野宿交流館
日野駅
八坂神社
日野宿本陣
佐藤彦五郎新選組資料館
新選組のふるさと歴史館
中央自動車道
万願寺の一里塚跡
果樹園
万願寺駅
20
石田寺
土方歳三生家
川崎街道
浅川
高幡不動駅
多摩都市モノレール
高幡不動尊
京王線
川崎街道
京王動物園線
南平駅

第三章　甲州街道各駅停車の旅

甲州街道各駅停車の旅

甲州街道は京王線や中央線と並行しており、今回の旅でも駅を道程の一つの目安にしていた。毎回の道程で並行する鉄道と駅名、駅数を記したのもそのためだ。

線路に沿って歩いていると「各駅停車でも結構速いな」と常に感じさせられる。昔の輸送手段と比較すると、徒歩より速いのは言うまでもないが、飛脚や馬でも追いつかないような速度が出る。

さて、江戸日本橋から下諏訪まで各駅停車で行くとどの程度掛かるのだろうか。「甲州街道てくてく歩き」の番外編として「甲州街道各駅停車の旅」に読者の皆様にもしばしお付き合い戴きたい。しかし、ただ単に駅名を並べるだけでは能がない。この本は歴史をテーマにした旅の本であるからして、鉄道の駅や車両にまつわる歴史や経歴を紹介しながら旅に出たいと思う。

中央本線と旧甲州街道の踏切（大月市・第5甲州街道踏切）

一日目　日本橋～日野　2023年2月19日(日)

1本目　東京メトロ東西線　日本橋～大手町
乗車距離　0・8㎞、乗車時間　1分

新選組紀行で日野宿へ行く道中を利用して、各駅停車の旅を敢行する。まずは日本橋から江戸城の濠端までの区間である。

日本橋8時10分発の中野行きに乗車する。やって来たのは東葉高速鉄道2000系（製造初年2004年）、アルミ車体にオレンジと赤の帯を巻いた電車だ。同時期の東京メトロ東西線05系（いわゆる05N系）との共通設計車である。

日本橋から大手町は0・8㎞と近いので、乗ってしまえば僅か1分で大手町に着いてしまう。むしろ大手町駅での乗換の方が大変で、東西線ホームから千代田線ホームまで最低5分は掛かるとみた方が良い。

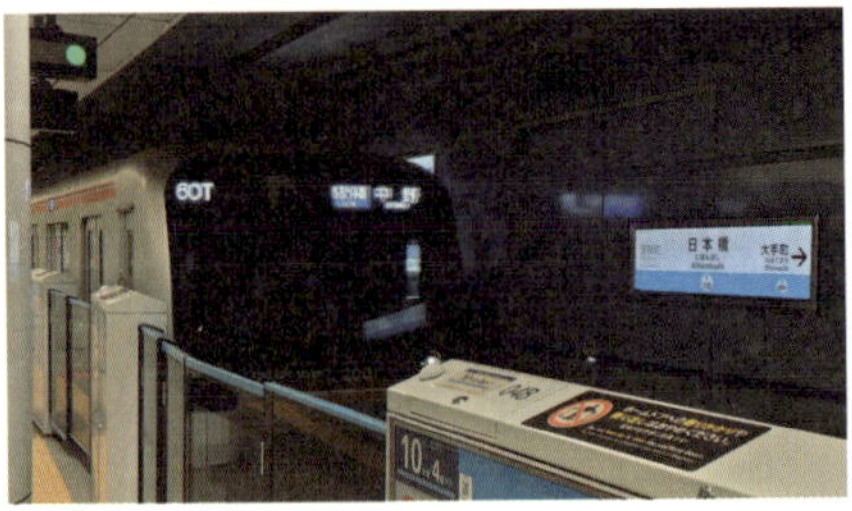

東葉高速鉄道2000系の中野行き

2本目　東京メトロ千代田線　大手町〜日比谷
乗車距離　1・4㎞、乗車時間　3分

大手町から日比谷は江戸城の濠端を行く区間である。東京メトロ千代田線と都営三田線が並行して走っており、どちらに乗っても良いのだが、途中駅があって距離が長い千代田線を選ぶ。

8時19分発の代々木上原行きに乗車。やって来たのはJR東日本E233系2000番台（製造初年2009年）。常磐線から乗り入れて来る電車で、ステンレス車体にエメラルドグリーンの帯を巻いている。E233は拡幅車体のイメージが強いが、この車両は地下鉄のトンネル断面に合わせてストレート断面だ。

解説が長くなったが、乗ってしまえば二重橋前、日比谷とあっという間に着いてしまう。次は有楽町線に乗り換えるのだが、千代田線日比谷駅から有楽町線有楽町駅までは地下通路を延々と歩く。むしろ都営三田線の日比谷駅の方が歩く距離は短い。

JR東日本E233系2000番台の代々木上原行き

3本目　東京メトロ有楽町線　有楽町～市ヶ谷
乗車距離　3・7㎞、乗車時間　7分

日比谷からの甲州街道は濠端沿いを半蔵門まで上り、半蔵門で左折して麹町台地を四谷見附に進む。有楽町線は桜田門で左折して永田町を経由し、麹町で甲州街道と直交して市ヶ谷に下るので少しルートは違うのだが、まあまあ近いと言える。

有楽町8時32分発の和光市行きに乗車。やって来たのは西武6000系（製造初年1991年）、ステンレス車体に青と白の帯を巻いた電車だ。西武鉄道の車両であるが、小竹向原から西武線に入らず和光市に向かう運用にも入ることがある。

運転席後ろに陣取って前を見る。千代田線へと繋がる秘密のトンネルが分岐したり、道幅に合わせて上下線が段違いになって進む区間があったり、その都度トンネルの構造が変わるのが面白い。桜田門、永田町、麹町と進み、市ヶ谷で下車する。

西武6000系の和光市行き

4本目　東京メトロ南北線　市ヶ谷〜四ツ谷
乗車距離　1・0㎞、乗車時間　1分

市ヶ谷は甲州街道から一駅分外れてしまっているので、四ツ谷まで横移動して甲州街道に戻る。市ヶ谷から四ツ谷までは地上にJR中央線、地下に東京メトロ南北線が通っていて、地上のJRの方が外濠沿いを走るので景色が良いのだが、JRに乗り換えると運賃が高くなるので南北線を選択する。

市ヶ谷8時45分発の日吉行きに乗車。南北線の駅はホームドアで覆われていて電車はよく見えないが、やって来たのは埼玉高速鉄道2000系（製造初年2000年）、アルミの車体にライトグリーンとブルーの帯を巻いている。今朝はずっと東京メトロ所属の車両ではなく、相互乗り入れ先の車両ばかり乗っている。

発車するとすぐにポイントを通過、分岐側には留置線と有楽町線へと繋がるトンネルがある。あっという間に四ツ谷に到着する。

ホームドアの向こうに埼玉高速鉄道2000系の日吉行き

5本目　東京メトロ丸ノ内線　四ツ谷〜新宿三丁目
乗車距離　2・6㎞、乗車時間　5分

丸ノ内線の四ツ谷駅は江戸城外濠の真田濠の中にある。堀の底をJR中央線が通り、丸ノ内線ホームはJRを立体交差で跨いでいる。JRが下、地下鉄が上を走る駅は珍しい。

四ツ谷8時49分発の荻窪行きに乗車。赤色の2000系（製造初年2018年）がやって来た。この電車はアルミ車体だが、フルラッピングで丸ノ内線伝統のスカーレットの車体色とサインカーブを表現し、レトロ感を出している。

四ツ谷を発車するとすぐ左へ急カーブを切りながら勾配を下り、甲州街道の地下に入る。四谷三丁目を過ぎると緩い右カーブで新宿通りの地下に進み、新宿御苑前、新宿三丁目と旧甲州街道の地下を忠実に進む。ただし、車内の乗客で旧甲州街道を意識しているのは私だけだろう。

東京メトロ2000系の荻窪行き

6本目　都営新宿線　新宿三丁目〜新宿・京王新線　新宿〜笹塚
乗車距離　4・4㎞、乗車時間　9分

甲州街道は新宿三丁目交差点を左折して新宿駅南口へ向かうので、この区間は都営新宿線に乗るとルートを忠実に辿ることが出来る。新宿三丁目8時59分発の橋本行きに乗車。やって来たのは京王9000系（製造初年2000年）の10両編成で、ステンレス車体にピンクとブルーの帯が入っている。かつての名車、初代5000系をイメージして前面マスクはアイボリーに塗装されている。車内は派手なローズピンク色のシートが目立つ。

新宿三丁目を発車すると次は新宿。甲州街道下の地下ホームで、京王百貨店下の京王線新宿駅と区別するため「新線新宿」と呼ばれていたホームだ。2分停車し、その間に乗務員が交代する。

引き続き同じ電車に乗るが、新宿から先は京王新線と路線名が変わり、初台、幡ヶ谷と甲州街道の地下を進む。京王電鉄は今で

京王9000系の橋本行き

こそ10両編成の特急が行き交う郊外電車だが、開業時は路面電車然とした「京王電気軌道」で、大正四年（1915年）に新宿まで開通した時代は、新宿三丁目交差点そばの新宿追分駅（後に「四谷新宿」「京王新宿」と改称）を出ると、停車場前、葵橋、新町、天神橋、代々木（後に西参道と改称）、初台、幡代《はたしろ》小学校前、幡代、幡ヶ谷と小さな停留所が連続していたそうだ。初台と幡ヶ谷以外は空襲の影響もあって戦前から戦中に掛けて廃止になっており、その後京王線・京王新線ともに地下に潜ってしまったので、今ではその面影は全くない。

幡ヶ谷から先は甲州街道の南側に出て、京王線と合流しながら高架に上ると笹塚に着く。この電車は笹塚から区間急行橋本行きに変わるので、「甲州街道各駅停車の旅」の人は笹塚で降りて次の各駅停車を待つ。京王線新宿発の特急京王八王子行き、新線から来た快速橋本行きが相次いで発車して行くのを眺めている内に、約10分の待ち時間はあっという間に過ぎた。

笹塚で後続の各駅停車に乗り換える

7本目　京王線　笹塚～分倍河原
乗車距離　19・5㎞、乗車時間　53分

笹塚9時17分発の各駅停車京王八王子行きがやって来た。9000系10両編成で、車内はガラガラに空いている。ここから分倍河原まで21駅を各駅に停まりながら行く。

代田橋、明大前と甲州街道の南側を進む。立体交差工事の真っただ中で、線路脇はネットで囲われ、空地にはクレーン車がいて物々しい。

明大前は開業当時「火薬庫前」と言ったが、さすがに国防上問題だったのか「松原」に改称し、昭和十年に明治大学予科が移転してきたのを機に「明大前」に再改称している。京王線の駅は開業時から改称したものが多い。戦前期の東京の郊外の広がりに加え、昭和初期の観光ブームや、乗客増のための大学誘致、更には戦後昭和三十年代の宅地ブームによって駅名改称が行われている。

この本は歴史を旅するのが趣旨なので、各駅に停車しながら駅名

京王9000系の各駅停車京王八王子行き

の変遷も紹介したい。

次の下高井戸は駅全体が右カーブ上に位置しており、ホームとの隙間にご注意のアナウンスが流れる。隣接するホームに東急世田谷線の電車が入って来た。路面電車構造で連接車体の小さな電車である。この駅も改称経歴があり、昭和十三年に「日大前」と改称され、昭和十九年に再び「下高井戸」に戻っている。今でも日大文理学部の最寄り駅なので、戻した経緯は分からない。

次の桜上水は車庫と待避線がある広い構内を持つ駅で、開業時は「北沢車庫前」、ついで「京王車庫前」に改称したが、昭和十二年に「桜上水」に再改称している。「桜の名所　玉川上水」の意味だそうで、確かに下高井戸宿の裏手を流れる玉川上水沿いには桜並木がある。桜上水は待避線に到着するが、本線には先行する快速橋本行きが停まっており、こちらがホームに入ると同時にドアを閉めて発車して行った。どうも電車が渋滞気味であるが、定時運行である。桜上水では7分停車し、「この駅で通過電車を3本待ちます」のアナウンスが流れる。まず5000系「京王ラ

桜上水で回送列車2本に抜かれる

イナー」の回送列車が通過し、続いて都営10－300形の回送が通過して行く。3本目は7000系の特急京王八王子行き、これはまあ分かるが、回送を2本も先に通す理由はよく分からない。

やっと桜上水を発車し、次は上北沢。開業時は上北沢だったのが大正六年に「北沢」と改称され、昭和七年に駅所在地の高井戸町が東京市杉並区に編入されたのを機に再び「上北沢」に戻っている。下北沢との混同を避けるためという。

上北沢を出ると高架橋に上がり、八幡山に着く。ホームは待避線側にある。この駅は開業時「松沢」と称していたが、昭和十二年に「八幡山」と改称している。昭和四十五年、環八通りの新設に伴い現在の高架駅になったそうだ。

八幡山での通過待ちはなく、すぐ発車する。再び地平に下りると次は芦花公園《ろかこうえん》に着く。もともとは「上高井戸」と称していたのが、昭和十二年に改称している。明治～大正期の小説家徳富蘆花の旧宅「蘆花恒春園」が東京市に寄贈されて、公園として整備されたのを機に改称しており、観光改名と言える。なお甲州街道の

続いて特急京王八王子行きに抜かれる

上高井戸宿は、八幡山と芦花公園の間あたりだ。

次は千歳烏山。駅前に商店街が立ち並んでいて手狭だが、高架駅になると駅前のイメージはガラリと変わるのだろう。なお、開業時「烏山」だったが昭和四年に「千歳烏山」に改称している。千歳村の成立は明治二十二年、東京市世田谷区への編入は昭和十一年なので、なぜ昭和四年のタイミングで改称したのかはよく分からない。

仙川の細い流れを鉄橋で渡り、掘割に突入すると仙川。しつこいようだが、開業時は「下仙川」だったのが大正六年に「仙川」と改称している。仙川を出ると国分寺崖線を越えて掘割から築堤に出る。周囲がぱっと開け、車窓右手遠くには旧甲州街道の瀧坂付近を望むことが出来る。

次のつつじヶ丘は金子と称していたのを昭和三十二年に改称している。八高線の金子駅との混同を防ぐためと言うが、住宅地分譲の効果も狙ってのことだろう。つつじヶ丘では5分停車し、7000系の区間急行橋本行きが到着して先に発車し、続いて

つつじヶ丘で区間急行と特急を先に通す

８０００系の特急高尾山口行きが通過する。

つつじヶ丘を発車すると次は地上駅の柴崎。野川の谷に架かる鉄橋を渡ると、地下に潜って国領と進む。この辺りは布田五ヶ宿の旧道に沿ったルートを通っているが、２０１２年に地下化されたことで風景はガラリと変わっている。そのまま地下線を進むと布田。この駅は長いトンネルの中間地点で、通過電車の列車風が強いためフルスクリーン式ホームドアが設置されている。

次の調布は相模原線の分岐駅で、上下線が縦に並ぶ構造になっており、下り線は上層階にある。接続待ちで数分停まる電車も多いが、私の乗った各駅停車はすぐに発車する。

再び地上に出ると次は西調布、開業時は「上石原」だったが昭和三十四年に改称している。駅前ロータリーには「近藤勇生誕の地」の大看板があるのだが、ホームからはその様子は分からない。

次の飛田給は中線があり、味の素スタジアムでイベントがある際には折り返し電車の設定が出来るようになっている。普段は朝夕に上り列車の通過待ちに使っている。

西調布駅。「近藤勇生誕の地　上石原」の大看板がある

布田五ヶ宿を過ぎると、沿線風景に畑が交ざるようになってきた。次の武蔵野台は開業時「車返《くるまがえし》」と言ったが、昭和三十四年に武蔵野台に改称した。由来は武蔵野台地から来ているそうだが、それであれば武蔵野台地上にある駅はすべて武蔵野台になってしまうので、良い命名とは思えない。車返という地名は源頼朝の奥州藤原氏討伐に由来し、藤原氏の持っていた薬師如来を鎌倉に持ち去ろうとしたが、この地で薬師如来を載せた車が先に動かなくなってしまい、仕方なく引き返させたという伝承が残っている。

武蔵野台を出ると築堤を上って西武多摩川線を跨ぐ。次の多磨霊園は当初「多磨」として開業したが、昭和五年に「市公園墓地前」と改称され、昭和十二年に「多磨霊園」と再度改称している。多磨墓地の開園に合わせて改称したが、この駅から多磨霊園南入口までは1・8㎞、歩くと20分以上掛かるので、最寄り駅と言えるかは微妙だ。むしろ西武多摩川線の多磨駅の方が近い。

次の東府中は競馬場線の分岐駅。この駅は当初は「臨時競馬場前」として開業したが、昭和十五年に隣にあった「東府中」（昭

東府中では京王線と旧甲州街道が交差する

和十二年に「八幡前」から改称）と統合し、現在の「東府中」となっている。駅を出ると旧甲州街道と斜めに交差し、踏切を渡って少し進んだ所に旧八幡前駅があった筈だが、東府中駅の統合は83年も前の事なので、遺構らしきものは見当たらない。

次の府中は高架駅で、待避線に入って5分停車し、７０００系の特急京王八王子行きを先に通してから発車する。府中から先は大正十四年に玉南《ぎょくなん》電気鉄道として開業した区間で、京王電気軌道の軌間（レール間の寸法）は１３７２㎜＝４フィート６インチに対し、玉南電気鉄道は１０６７㎜＝３フィート６インチの軌間の地方鉄道であった。建設補助金狙いで別会社を起こしたものの結局補助金は下りず、翌年の大正十五年に京王電気軌道に合併、その翌年の昭和二年には軌間を１３７２㎜に直している。

府中を出て左に大きくカーブし、旧甲州街道の踏切を渡ると分倍河原に着く。開業時は当時の村名から「屋敷分《やしきぶん》」だったが、昭和四年に南武鉄道（現ＪＲ南武線）との連絡駅として現在地に移転した際に「分倍河原」と改称している。

府中～分倍河原間で再び旧甲州街道と交差する

分倍河原といえば鎌倉時代後期の分倍河原の戦いが有名で、幕府打倒の兵を挙げた新田義貞が北条泰家（執権・北条高時の弟）率いる大軍を撃破している。またこの地では室町時代になって、足利成氏《しげうじ》率いる鎌倉公方軍と、扇谷上杉家の上杉顕房《あきふさ》率いる関東管領軍との合戦も行われており、鎌倉公方方が勝利を収めている。

さて、笹塚から分倍河原まで19・5㎞、21駅に停車して53分かけて走り、平均時速は22・1㎞／hとなる。これを速いと言うか遅いかと言うかは微妙なところだが、人が走る速さとの比較では、マラソンの世界記録は42・195㎞を2時間1分09秒、平均時速20・5㎞／hとなる。人類最高峰と言えるマラソンの世界記録よりも速いのだから、各駅停車でも電車は速い、と言って差し支えないだろう。

21駅目の分倍河原で下車

8本目　JR南武線　分倍河原〜立川
乗車距離　6・7km、乗車時間　11分

次に乗るのは10時18分発のJR南武線立川行き。E233系8000番台（製造初年2014年）の6両編成で、ステンレス拡幅車体に黄色・オレンジ色・茶色の帯が巻かれている。この3色はかつて南武線を走った電車の色を表現している。

分倍河原を出ると次は西府。平成二十一年（2009年）に開業した新しい駅だ。戦前の南武鉄道時代にはこの先の甲州街道との交点付近に西府停留所があったが、昭和十九年に国有化された際に廃駅となっている。新しい西府駅とは直接の関係はない。

西府の次は谷保。近くに谷保天満宮があり、駅名は地名の谷保村から取っている。次は矢川で、駅の近くを流れる小川の名前から取っている。矢川までは旧甲州街道とほぼ並行しているが、その先の西国立、立川は甲州街道から少し離れた場所を通る。

JR東日本E233系8000番台の立川行き

9本目　多摩都市モノレール　立川南～甲州街道
乗車距離　2・2km、乗車時間　4分

立川駅で降りて南口のペデストリアンデッキを立川南駅へと向かい、10時41分発多摩センター行きに乗る。やって来たのは多摩都市モノレール1000系。1998年の開業時から走り続けているが、30年以上経った今も古さは感じない。

立川南を出ると次は柴崎体育館。ここから先は左手に旧甲州街道を見下ろす区間となる。多摩川に掛かる立日橋を渡る。橋のやや下流が日野の渡しがあった辺りだ。立日橋を渡り切って左にカーブすると甲州街道。ここでモノレールを降りる。

甲州街道駅は文字通り旧国道20号線＝甲州街道との交差点上にある駅で、ここから日野宿の中心部を抜けて日野駅まで甲州街道を歩く。距離にして1・5km、20分程の道程である。

多摩都市モノレール1000系の多摩センター行き

❖甲州街道各駅停車の旅の経路　一日目

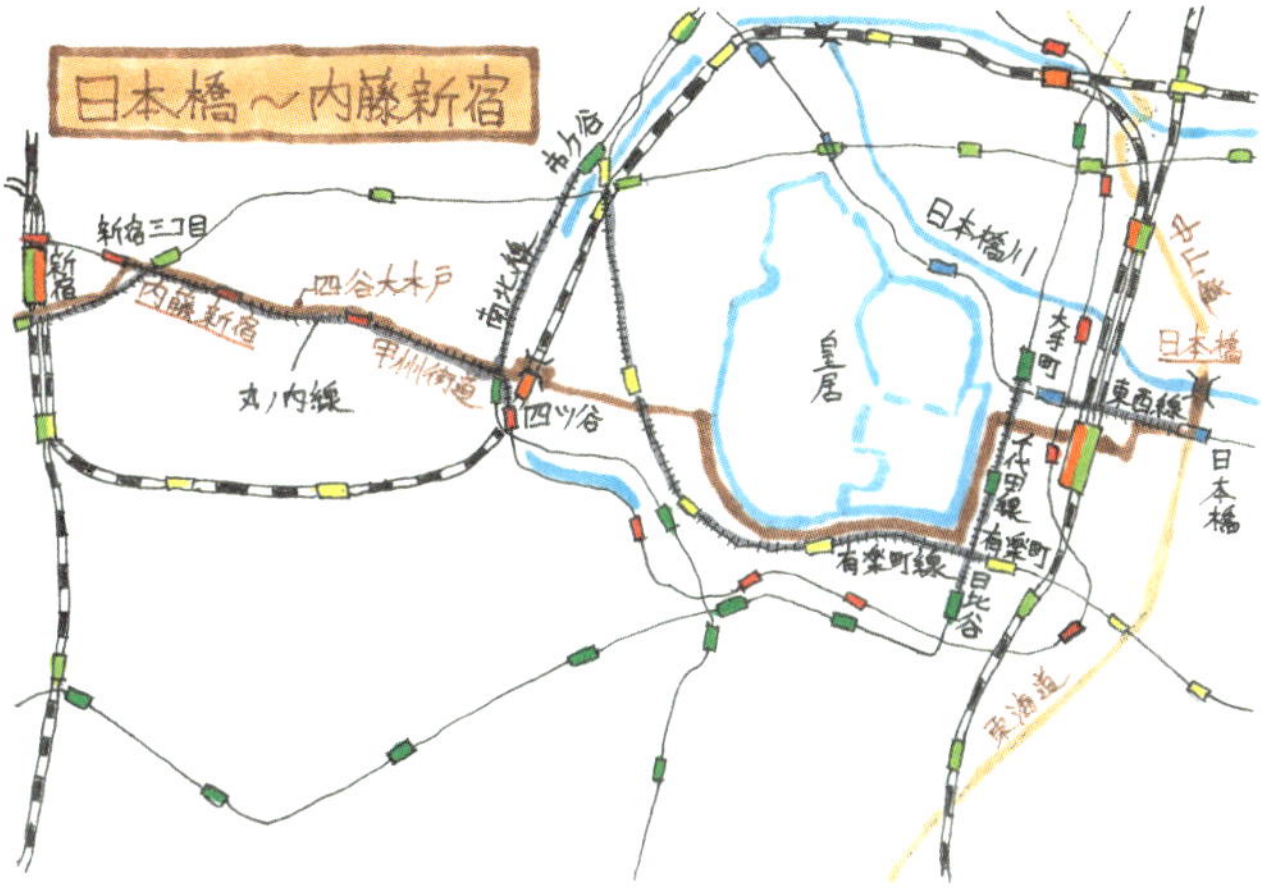

二日目　日野〜下諏訪　2023年8月5日㈯

10本目　JR中央線　日野〜高尾
乗車距離　12・3km、乗車時間　14分

日野までの道中は冬の季節だったが、諸事情で続きは夏になってしまった。まだ涼しい早朝5時過ぎに家を出て「甲州街道各駅停車の旅」の続きを敢行する。中央線快速高尾行きに乗車、車両はE233系0番台（製造初年2006年）の10両編成だ。

6時09分に日野発車。車窓右手に丘へと上る道が見えるがこれは旧甲州街道で、日野宿を出て日野台を上って行く坂だ。鉄道は急坂を上れないので掘割で日野台を抜けて、浅川沿いの平地を目指す。車窓左手に保線基地のような施設が見えるが、これは鉄道総合研究所の施設で、開業当時の日野駅の構内敷地を転用している。日野駅が現在地に移ったのは立川〜豊田間が複線化された昭

多摩の農家を模した日野駅の駅舎

和十二年（１９３７年）のことで、農家風の駅舎はこの時に建てられた。

次の豊田《とよだ》はホーム2面・線路が4線ある「2面4線」の構内を持つ。駅西側には大きな車庫（豊田車両センター）があり、朝の時間帯なので出庫待ちの電車が並んでいる。広大な車庫の敷地が尽きると、線路はS字カーブを描いて浅川の鉄橋を渡る。鉄橋長さを短くするためには川を直角に渡りたいので、鉄橋にS字カーブは付き物だ。川を斜めに渡るのは新幹線ぐらいだろう。

浅川を渡ると徐行し、右手の石油基地の側線へ入るタンク車の列とすれ違う。やがて右から八高線、左から横浜線が合流してきて八王子の広い構内に入る。左手に電気機関車が見えるが、先ほどのタンク車を牽引して来たのだろう。

八王子を出ると地上を走るようになる。右手の１００m程離れた所を甲州街道が通っている筈だが、家が立ち並んでいて全く見えない。この区間は踏切が多く、運転士は非常に気を遣う区間と思われる。次の西八王子は線路の両側にホームを配置した「相対

ホーム延伸工事中の西八王子駅

式ホーム」の構造だ。現在中央線快速はグリーン車を増結して12両編成にする計画が進行しており、この駅もホーム延伸工事の真っただ中だ。

先頭車に陣取り前方を眺めると、正面に山並みが近づいてきて、線路自体も上り坂となるのが分かる。家並みが途切れて右手に甲州街道が見えて来た。多摩御陵の入口付近で、かつてこの場所に皇室専用の駅（東浅川）が存在していた。昭和三十五年（1960年）に廃止になったが、平成の世になってから旧駅舎が爆弾テロの被害に遭って焼失するという謎の事件が起きている。

徐行しながら高尾の構内に進入する。ホームは4番線まであり、通過線や留置線があるので構内は広い。ホームの柱は古レールを使っており、1902年官営八幡製鐵所製の国産最古のレールの解説板がある。

高尾は開業当時「浅川」と称していたが、所在地の浅川村が八王子市に合併されたことで、昭和三十六年（1961年）に「高尾」に改称している。高尾山への観光客の便を図ったのだろう。

高尾駅に到着。ホームの柱は1902年製の古レールを使用

11本目　JR中央本線　高尾～大月
乗車距離　34・7㎞、乗車時間　36分

朝6時23分に高尾に着いた。ここから先は6時42分発の松本行きに乗るのが便利だが、夏休み中なので登山やハイキングに出掛ける人で混みそうである。今回は車窓や各駅を観察しながら行きたいので、混んでいる電車は視界が塞がれて少々困る。その前に発車する6時30分発の大月行きで先行することにした。やって来たのはE233系10両編成で、さすがに空いている。

高尾を発車するといきなり山道になる。浅川と甲州街道を鉄橋で越え、駒木野宿と小仏関所の裏手を通過する。やがて天空に八王子ジャンクションが見えてくると、電車は湯の花トンネルに入る。ここは昭和二十年（1945年）八月に旅客列車が米軍のP－51戦闘機の攻撃を受けて大勢の犠牲者が出た場所だ。トンネルに逃げ込もうとしたが後部客車がトンネル手前で止まり、機銃掃射の標的にされたそうで、旧甲州街道沿いに慰霊碑がある。

E233系の大月行きに乗車

線路は旧甲州街道と絡みつくように勾配を上り、小仏宿の手前、車窓左側に旧小仏信号所の遺構が目に入る。高尾～相模湖は駅間距離が長いので、単線時代はここで行き違いを行っていた。まもなく小仏トンネルに入る。長さは2574m、完成したのは明治三十四年（1901年）で、当時としては相当な難工事だっただろう。開業当時は蒸気機関車で煤煙も凄かった筈だが、昭和六年（1931年）に甲府まで電化されている。現在は上り線が開業時の小仏トンネルを、下り線は昭和三十九年（1964年）に完成した新小仏トンネルを通っている。

小仏トンネルを抜けると上り線が遠ざかって行く。この辺りは上り線と下り線が大きく離れている箇所が多く、まるで単線のような車窓風景になる。トンネルをいくつか通過するうちに、いつのまにか小原宿の裏手を抜けている。

右に大きくカーブを描くと相模湖の構内に入る。開業時は宿場の名前と同じ「与瀬」と名付けたが、昭和三十一年（1956年）に相模湖に改称した。私は歴史ある名前を残してほしいと考

まるで単線のような中央本線の架道橋（高尾～相模湖間）

える派だが、観光客誘致による地域振興や利用客にとっての分かりやすさという事情で仕方がないのであろう。

次の藤野までもトンネルの連続である。相模湖の湖岸沿いだが、相模湖は相模川をダムで堰き止めた人造湖なので、広い平地はない。甲州街道歩きの旅でも、与瀬宿から吉野宿の行程は坂道がきつかったのを思い出した。相模ダムと相模湖の完成は昭和二十二年（１９４７年）、鉄道開通の46年後のことである。

藤野は上下線の間に島式ホームがある1面2線の簡単な構造だ。駅舎は真新しく、２０１２年に建て替えたそうだ。陣馬山へのハイキング客が降りて行く。

関野宿の脇を過ぎると再び上り線が離れて行き、トンネルの連続となる。次は山梨県の最初の駅、上野原だ。高校の最寄り駅なので、平日朝夕は通学生で混み合う。今日は夏休み中の筈だが、運動部らしき数名が降りて行く。

上野原から先、旧甲州街道は山側の中央自動車道沿いを鶴川宿、野田尻宿、犬目宿と進むが、中央本線は桂川（相模川は山梨県に

上下線が離れてトンネルに入る（藤野〜上野原間）

入ると名称が変わる）に沿った谷沿いを進み、左手の車窓が少し開ける。次の四方津《しおつ》は待避線がある2面3線構造で、日中はこの駅で特急の通過待ちを行うことが多いが、早朝の特急が走っていない時間帯なのですぐに発車する。

次の梁川《やながわ》は桂川沿いの段丘上にあり、田舎の風情が漂う駅だ。無人化されて久しい。梁川を出ると再び上り線がどこかへ消えてしまう。下り線は桂川の谷沿いをカーブと短いトンネルで進むが、上り線は長いトンネルで一気に抜けている。

谷が開けて家並みが多くなると、かつての下鳥沢宿と上鳥沢宿があった場所だ。まもなく電車は鳥沢に到着する。使われなくなった待避線の跡がある。

鳥沢を出ると桂川を大きな鉄橋（新桂川橋梁）で渡る。長さ513m、河床からの高さは45mあるそうだ。この区間の車窓のハイライトの一つで、雄大な景色に見入っている人が結構いる。鉄道写真の撮影地としても有名な場所だ。

新桂川橋梁を渡ると猿橋トンネルに突入する。この区間では

新桂川橋梁からの眺望

珍しく大口径の複線トンネルだ。鳥沢から先は昭和三十八年（１９６３年）に複線化した際に線路を大きく付け替えている。旧線は桂川沿いを迂回するルートを通っており、奇橋・猿橋が車窓からちらりと見えたそうだ。

トンネルを抜けると左手に猿橋宿があった一角が見え、宿場の外れに猿橋駅がある。ホームは1面しかないが、留置線があるので構内は広い。ここは明治末期から大正にかけての蒸気機関車の時代には機関庫があったので、構内が広いのはその名残だろう。

猿橋を出ると桂川沿いを進む。対岸には岩殿山の巨大な岩盤が見えており、この区間の車窓ハイライトの二つ目である。鏡岩と呼ばれ、高さは約１５０ｍあるそうだ。

岩殿山の横を過ぎると大月に到着する。構内は2面3線に加えて留置線があって広い。この駅からは富士急行線が出ており、中央本線のホーム西側にカラフルな電車が停まっている。この駅で降りた乗客の半数ほどは富士急行線に乗り換えるようだ。

車窓から見る岩殿山

12本目　ＪＲ中央本線　大月～酒折
乗車距離　43・4㎞、乗車時間　50分

大月から松本行きの普通電車に乗る。やって来たのは２１１系２０００番台（製造初年１９８５年）の６両編成、20ｍ３ドアの近郊型車体だが車内はロングシートだ。元々は東海道線に投入されて、２階建てグリーン車付きで最大15両編成を組んでいた「湘南ボーイ」なのだが、２０１４年頃から中央本線にコンバートされ、帯色もブルーグリーン系に変更されている。今ではすっかり生粋の山男のような顔つきで松本・甲府地区に定着している。

車内の席は埋まっているが、大月で降りる人も多いので、車内をある程度動ける程度の混み具合だ。私はモーター付きの中間車に乗ることにした。２１１系は昔ながらの直流モーターを使っており、坂を上る際には何とも味のある唸り音を発する。

大月を出ると桂川から離れ、支流の笹子川沿いを25‰《パーミル》、すなわち１㎞進むと25ｍ上る「１０００分の25」という急勾配で上る。

「元・湘南ボーイ」中央本線普通電車の２１１系２０００番台

車窓左側に下花咲宿が見えるが、本陣の立派な建屋は沿線の家に遮られて見えない。

旧甲州街道と交差する踏切を越えると、まもなく初狩に着く。この駅はかつてのスイッチバック構造をよく残しており、駅手前の左側の土手上にはスイッチバックの加速線、右側の土手下には元の駅構内が広がっている。初狩に到着する際には加速線と駅構内を結ぶ複雑なポイントを越えるので、音と振動でそれとわかる。かつては初狩駅を発着する砕石の貨物列車があり、スイッチバックの駅構内が定期的に使われていたそうだが、平成八年（1996年）に貨物列車が廃止になってからはほぼ遊休設備と化している。旅客列車のホームはスイッチバックを過ぎた本線上にあり、カーブした勾配上のホームへの坂道停車・坂道発進をするるので、停車時・発車時ともにショックは大きめである。

初狩を出ると車窓左手に下初狩宿、ついで中初狩宿の家並みが見え、家並みが尽きると笹子川を見下ろしながら進む。のどかでなかなかいい風景だ。対岸の山が迫ってくると笹子川を鉄橋で渡

勾配上の初狩駅ホーム。奥はスイッチバックの駅構内

り、天神山を貫くトンネルに入る。この新天神山トンネルも大口径の複線トンネルで、傍らに旧線跡のレンガ積み橋台やトンネルが残っているのだが、あっという間に通り過ぎてしまい見逃した。

新天神山トンネルを過ぎると、左手に白野宿を見下ろしながら走る。やがて左手対岸に酒蔵の大看板が見えてくると阿弥陀海道宿。S字カーブで笹子川を渡ると笹子駅に到着する。

この駅もかつてのスイッチバック構造が残っており、ホーム中程、左手の土手上から合流してくる線路が旧駅構内に繋がっている。笹子駅といえば笹子餅が名物で、かつては駅構内の立ち売りや、中央本線の普通電車の車内販売で売りに来たのを、ある程度以上の年齢の方なら知っているかもしれない。

軽い衝撃と共に坂道発進して笹子を後にする。右手には黒野田宿の家並みが見え、本陣の真裏を通過する。再び笹子川を渡ると笹子トンネルに入る。着工は明治二十九年（１８９６年）、開通したのは明治三十六年（１９０３年）と7年の工期が掛かっており、全長４６５６mは当時日本一長いトンネルだった。現在は下

笹子駅前の笹子餅屋さん。かつては車内販売もやっていた

り線が開業当時からのトンネルを通っている。

笹子トンネルを駆け抜けると甲斐大和。山に抱かれたような場所にあり、駅構内は２面３線で特急通過待ちが出来る。開業当時は「初鹿野《はじかの》」と称したが、平成五年（１９９３年）に改称している。駅開業時の自治体名は初鹿野村だったが、昭和十六年（１９４１年）に周辺の村と合併して大和村になっており、駅名改称タイミングとは50年以上ズレがある。その後平成十七年（２００５年）に大和村は塩山市・勝沼町と合併して甲州市になったので、駅名と自治体名は再び一致しなくなっている。

甲斐大和駅からは武田氏終焉の地で勝頼の菩提寺である景徳院が近い。甲斐大和を出ると鶴瀬宿の裏手を通過し、日川の渓谷を見下ろしながら進む。やがて新深沢トンネル、深沢川の谷を渡ると新大日影トンネルを抜けるが、この区間は線路改良によって役目を終えた旧トンネルがある。旧深沢トンネルはトンネルワインカーブとなり、安定した気温を生かしたワイン貯蔵庫として活用されている。旧大日影トンネルも近年までトンネル遊歩道として

山に抱かれたような甲斐大和駅と「武田家終えんの地」の看板

歩くことが出来たのだが、残念ながら今は閉鎖されている。これらのトンネルは平成九年（1997年）まで現役だった。

トンネルを抜けると車窓左手に甲府盆地のパノラマが開け、勝沼ぶどう郷に到着する。ここも元スイッチバック構造で、駅に着く手前の築堤下にEF64形電気機関車の18号機が静態保存されている。左手の築堤下には旧ホームが残っており、鳥居型の駅名板は「かつぬま」「←はじかの」「→えんざん」と書いてある。古い駅名表示で分かる通り、元々は「勝沼」だったのが平成五年（1993年）に改称された。旧ホーム上には桜の木が植えられており、甚六桜公園として整備されている。

勝沼ぶどう郷を出ると、左に大きくカーブしながら急勾配を甲府盆地へと下って行く。線路沿いは一面のぶどう畑だ。扇状地から盆地に下りると塩山駅。2面3線構造で、折り返し電車の設定もある駅だ。駅前には武田信玄公の像が建っている。

塩山からは盆地の中を真っすぐ進む。勾配は相変わらずきつい。次の東山梨は線路の両側に簡素な相対ホームがあるだけの小駅だ。

勝沼ぶどう郷駅。スイッチバック時代の旧ホームが残る

駅の周りにはアパートや住宅とぶどう畑が混在しており、生活感と農村風景とのコントラストが面白い。

次の山梨市は2面3線構造で、中線に進入して臨時あずさ号の通過待ちを行う。この駅は開業当時「日下部《くさかべ》」と称していたが、昭和三十七年（1962年）に改称している。旧日下部町を含めた町村合併により、山梨市が誕生したのは昭和二十九年（1954年）の事だ。山梨県山梨市と続くと没個性気味な命名に思えるが、日下部村を中心とする地域は旧東山梨郡なので、由緒正しい地名と言える。県名の方は廃藩置県により甲府県となったが、直後に山梨県と改称している。甲斐国は幕府直轄地、すなわち戊辰戦争に負けた側なので、幕藩時代との決別のために「旧国名ではない地名」が新政府主導で採用されたという経緯だ。

各駅停車の旅を続ける。山梨市から先は桃の果樹園の中を走り、次の春日居町は桃の果樹園に囲まれたような駅だ。この駅は戦後の昭和二十九年（1954年）に「別田《べつでん》」として開業し、平成五年（1993年）に改称している。別田村は明治七年（1874

簡素な造りの東山梨駅

年）に近隣の村と合併して春日居村、昭和四十四年（１９６９年）に町制施行により春日居町となっている。開業当初から「春日居」で良かった気がするが、中央本線は愛知県内に「春日井」駅があり、混同を避けるため「別田」にしたのだろう。平成の世になると国鉄分割民営化後なので、ＪＲ東海の春日井とＪＲ東日本の春日居町を混同する恐れはないという判断なのだろう。

春日居町の次は石和温泉《いさわおんせん》。下りホームの植え込みにバラの花が咲いている。駅の植え込みでツツジはたまに見るが、バラは手が掛かるので珍しい。この駅も開業当時は「石和」だったのが、平成五年（１９９３年）に改称している。わざわざ駅名に温泉を付けなくても、温泉地として十分に有名だと思うが、改称から三十年余りが経過して、すっかり石和温泉が定着した。

石和からはぶどう畑と住宅地が混在する中を走る。次の酒折《さかおり》は駅の近くに山梨学院大学と付属校があり、夏休み中だが運動部らしい学生が大勢降りていく。私もここで電車を降りる。

山梨市駅で特急あずさ号の通過待ち

13本目　ＪＲ身延線　善光寺〜甲府
乗車距離　２・１㎞、乗車時間　４分

中央本線で酒折から甲府へ行こうとすると、左手より身延線の線路が寄り添って来るのが見える。この区間の中央本線には駅はないが、身延線の方には善光寺、金手の2駅がある。よって「甲州街道各駅停車」の旅人は、この区間は是非とも身延線に乗らなくてはならない。

酒折駅から善光寺駅は直線距離で約1㎞、甲州街道を真っすぐ歩けば10分で着く距離だが、折角なので少し寄り道して酒折宮《さかおりのみや》と甲斐善光寺に行ってみる。

酒折宮は古事記や日本書紀に出てくる、日本武尊《やまとたけるのみこと》の東征に由来する。古くて静かな神社で、境内は広くはないが、雰囲気は素晴らしい。但しあまり派手さはなく、門前町の土産物屋なのも一切ないので、観光客受けする要素はあまり感じない。

一方の甲斐善光寺だが、こちらは立派な参道と山門、金堂があ

酒折宮は古くて静かな神社

り規模が大きい。武田信玄が川中島の合戦の折、長野・善光寺の焼失を懸念して御本尊を甲府に移したのが始まりだ。本堂が完成したのは永禄八年（1565年）のことだ。

甲斐国の住人からすると「さすが信玄公、日本一ご利益がある神社を甲斐府中に連れて来てくれた」ということになるが、信濃国の住人からすると「合戦を仕掛けて侵略した上に、重要文化財を略奪した」という見方になる。歴史の見方にも表と裏があって一筋縄ではいかない。

武田信玄によって甲斐善光寺に移された善光寺如来の御本尊だが、その後武田家滅亡により岐阜へ、豊臣秀吉が天下人になると京都へと、その時々の為政者により転々とし、徳川の世になってやっと長野の善光寺に里帰りしている。

脱線が長くなったが、甲斐善光寺を拝観し、宝物殿にある源頼朝像を見学する。限りなく「牛に牽かれて善光寺参り」に近い状況だが、空いていたこともあり境内を満喫する。

甲斐善光寺の参拝を終え、身延線の善光寺駅へと向かう。距離

甲斐善光寺の山門

は850m、10分程の道程だ。

善光寺駅は甲州街道と交差するガードの近く、カーブした土手上にホームがある。土手の階段を上ろうとしたら丁度電車が入って来た。やって来たのはJR東海313系3000番台（製造初年1999年）、2両編成の甲府行きだ。

善光寺を発車すると中央本線の線路と並走し、すぐ金手《かねんて》に停まる。身延線は旧私鉄の富士身延鉄道として開業し、小さな駅が多く駅間距離が短いのが特徴だ。金手を発車すると真横に中央本線の普通電車が並走する。

左手に立派な石垣が見えると甲府に到着する。甲府駅は甲府城内堀の敷地を利用して建設したので、駅進入時には甲府城がよく見える。

甲府駅の身延線ホームは甲府城石垣の真横にある

14本目　ＪＲ中央本線　甲府〜小淵沢
乗車距離　39・6㎞、乗車時間　48分

次に乗るのは甲府9時32分発の小淵沢行き。特急あずさを先に通すため、甲府では11分停車する。甲府を発車すると、右手に特急用のＥ３５３系が並ぶ留置線を見ながら街中を駆け抜ける。

次の竜王は構内右手にはタンク車の基地、左手にはコンテナ基地に大型フォークリフトが並び、山梨県内の貨物列車の要所である。山梨県内のガソリンや灯油の約6割は鉄道輸送だという。

タンク車は中身が液体なので重く、1両あたり自重は約17ｔ、積載量は43〜45ｔで満タンだと約60ｔ、これを通常で10両程度、冬場は最大17両編成・１０００ｔの重量でやってくる。この列車を牽引して急勾配を上る機関車の方も重装備で、中央本線で活躍しているＥＨ２００形電気機関車は運転整備重量１３４・４ｔ、定格出力は４５２０kW、短時間最大では５１２０kWを誇る。今乗っている２１１系の6両編成は定格１２０kWのＭＴ60直流電動

竜王駅のタンク車基地

機を計16個搭載し、編成出力は１９２０kW、車体重量は1両あたり約30ｔなので、６両編成なら約１８０ｔとなる。貨物列車の桁違いの重量と機関車のパワーを数値にしてみると、なぜ貨物列車は凄まじい地響きを立てながら走って来るのかが分かるような気がする。

各駅停車の旅に戻ろう。竜王を出ると線路は右カーブを描く。釜無川の信玄堤が近いのだが、残念ながら車窓からは見えない。信玄堤は以前に訪れたことがあるが、晴れていたせいか川の水量はたいしたことなかったので、効果の程は分からなかった。雨が降ると水を集めて相当流れが強く速くなるのだろうが、だからと言って大雨の日に危険を冒して信玄堤を見に行こうとはさすがに思わない。

話が脱線しすぎて竜王からなかなか先に進まない。次の塩崎は本線の両側に相対式ホームがある簡単な構造だが、駅舎は綺麗で新しくて気持ちが良い駅だ。駅の手前の左手に、「甲州街道てくてく歩き」の旅の際に立ち寄ったラーメン屋が見える。

釜無川の信玄堤

塩崎を出て塩川の鉄橋を渡ってしばらく行くと韮崎に着く。この駅も元スイッチバック構造で、ホームは勾配上に位置し、ホームから右下に見える細長い広場が旧駅構内だ。スイッチバックが廃止になったのは昭和四十五年（１９７０年）のことだ。

韮崎を出ると七里岩台地への上り坂となる。駅を出てすぐトンネルに入り、左右にカーブをしながら台地を上る。車窓右手は塩川の谷、左手は高台なので、その先を流れる釜無川は見えない。次の新府は勾配上に相対式ホームを配置した簡素な駅で、昭和二十年（１９４５年）の開設時は列車行き違い用の「新府信号所」だったが、複線化完成後の昭和四十七年（１９７２年）に駅に昇格した。下り線側に加速用の側線があったそうだが、電車からの観察では遺構はよく分からない。ここは武田勝頼が築いた新府城跡の最寄り駅である。

新府を出ても相変わらず左右にカーブを繰り返しながら台地を上る。次の穴山も元スイッチバックで、昭和四十六年（１９７１年）に複線化完成に伴いスイッチバックを解消している。昔の駅

新府駅。相対式ホームがあるだけの簡素な無人駅

構内は現ホームの右上の築堤上にあり、ホームを過ぎた所で本線と交差し、車窓左手に引き込み線の跡が見える。

穴山と次の日野春の間の線路は、複線化の際の線形改良により新線に移っている。旧線の痕跡は歩くと簡単に分かるそうだが、車窓からはよく分からない。次の日野春はかつて蒸気機関車の給水施設があった運転上の要所で、広い構内の右側に給水塔が残されている。ホームは2面3線の構造で、特急通過待ちが出来る。この電車を追い抜く特急はないのだが、それでも日野春では8分停車する。繁忙期にはこの時間帯に臨時特急が設定されているためだが、年に数日しか運転しない臨時特急を毎回待つのは実に律儀なことである。

この駅にはかつて信玄公旗掛松と呼ばれる松があったが、蒸気機関車の煤煙により枯れてしまった。松の木の所有者が当時の鉄道院に賠償請求の提訴を行い、最終的に大審院は所有者の訴えを認め、鉄道院に対して損害賠償を命じたという。国の力が強い当時としては画期的な公害裁判の判決だったとされ、駅前に記念碑

日野春駅前の信玄公旗掛松の碑

が建っている。停車時間を利用して見に行く。

日野春の次は長坂。この駅も元スイッチバック構造で、駅を出発すると右手に旧駅の痕跡が見える。長坂駅は大正七年(1918年)の開業で、周囲の駅よりも遅い。地元の請願駅として、駅の敷地提供と工費の一部を地元が負担する条件で駅設置が決まったという。ちなみに長坂と言うと武田勝頼に仕えた長坂虎房(釣閑斎)の名が浮かぶが、実際に長坂郷に屋敷があったと伝わる。

長坂を出て左右にカーブを切りながら小淵沢へと上る。車窓の左手には南アルプスの甲斐駒ヶ岳、右手には八ヶ岳の赤岳が見える。山頂付近に少し雲が掛かっているが、このような贅沢な車窓はなかなかない。車内が空いてきたのを良いことに、右往左往しながら景色を眺める。

次はこの電車の終点の小淵沢だ。小海線の分岐駅で、特急も停まる主要駅だ。2面4線のホームに加えて留置線もあって構内は広い。次の松本行きまで待ち時間が25分あるので一旦改札を出る。

長坂~小淵沢間で見える甲斐駒ヶ岳

15本目　JR中央本線　小淵沢～下諏訪
乗車距離　32・6km、乗車時間　52分

分岐駅には駅そばが似合う。小淵沢の駅そば屋は昭和三十一年に開店、そのルーツを遡ると大正時代の駅構内立ち売り業者まで遡るそうだ。かつてホーム上に立ち食いそば屋があったが、現在は真新しい駅舎の中に移転している。丁度空腹なので山賊そばを注文する。大きな鶏の唐揚げが載ったそばで、これ一杯で結構満腹になる。

最終ランナーは小淵沢10時45分発の松本行き。２１１系３０００番台の３両編成で、編成が短いので座席は結構埋まっている。小淵沢を出ると長野県に入り、次の信濃境は文字通り甲斐と信濃の国境に位置し、標高９２１ｍの高台にある。この駅は蔦木宿への出入りの際に二度通ったが、谷底の蔦木宿までは比高差約２００ｍあり、急坂を30分以上歩く。

次の富士見は標高９５５ｍ、中央本線の最高地点になる。２

標高９２１ｍの高台に位置する信濃境駅

面3線の広い構内を持ち、特急列車も一部が停まる。富士川水系（釜無川）と、諏訪湖にそそぐ天竜川水系（宮川）の分水嶺になっており、ここから上諏訪までは下り坂となる。

富士見の次はすずらんの里、昭和六十年（1985年）に出来た新しい駅だ。近隣に精密機械メーカの事業所があり、設置費用は会社が負担した、いわゆる請願駅だ。左手に旧甲州街道と国道20号線と宮川の流れを見ながら坂を下る。

次の青柳は金沢宿から500m程離れた場所にある。なぜ金沢宿から離れた不便な場所に駅を設置したのかは素人にはよく分からない。金沢宿の裏手を通過し、引き続き宮川に沿って坂を下る。次の茅野までは約7㎞の距離があり、この間には駅がない。

茅野は白樺湖や蓼科高原の入口にあたり、特急が停まる駅で観光客が多い。結構な人数が降り、同じくらいまた乗って来た。茅野では13分停車して特急あずさ号に抜かれる。ホーム上を散歩し、展示してある八ヶ岳の黒曜石などを見て時間を潰す。

茅野を出ると車窓右手に上原城跡、続いて桑原城跡がある山を

富士見に向けて勾配を上る中央本線の上り貨物列車

見上げる。いつの間にか線路は単線に変わっている。茅野の先の普門寺信号所から岡谷までは単線区間である。

次の上諏訪も特急が停まる主要駅で、諏訪湖や霧ヶ峰の入口となっている。駅ホームに足湯があるのが物珍しい。駅周辺は上諏訪温泉のホテルが立ち並び、上諏訪宿の街歩きや酒蔵見学、それに高島城も観光客に人気がある。そういう私も帰路に足湯に入る予定である。

上諏訪では7分停車し、上り普通電車と特急あずさ号との行き違い待ちをする。この区間は列車本数が多い上に特急停車駅が多いので、行き違いで数分待たされることが多い。

上諏訪を出ると甲州街道各駅停車の旅のラストコース。線路は徐々に諏訪湖に近づいていく。下諏訪には11時37分に着いた。

下諏訪は諏訪大社下社の最寄り駅で、ホームも駅舎も立派な造りである。駅前には諏訪大社の御柱が建っている。この御柱は長野オリンピックの際にスタジアム選手入場口に建てたものを、ここに移築したそうだ。御柱の傍らには温泉が流れるオブジェがあ

上諏訪駅ホームの足湯。電車待ちの間に利用できる

り、流れに手をかざすと熱いお湯が流れている。

さて、延べ二日間に分けて甲州街道に沿って各駅停車の旅をして、駅名や車両に関する経緯や歴史を紹介してきた。途中でかなり脱線もしたが、各駅にここまでの歴史があるとは思いも寄らないことだろう。

各駅停車の旅はそれなりに時間が掛かるが、歴史に思いを馳せながら各駅を観察して行くと、道中の時間はあっという間に過ぎて退屈などはしないと思う。

下諏訪駅に到着。駅前の温泉オブジェと御柱が出迎えてくれる

❖甲州街道各駅停車の旅の経路　二日目

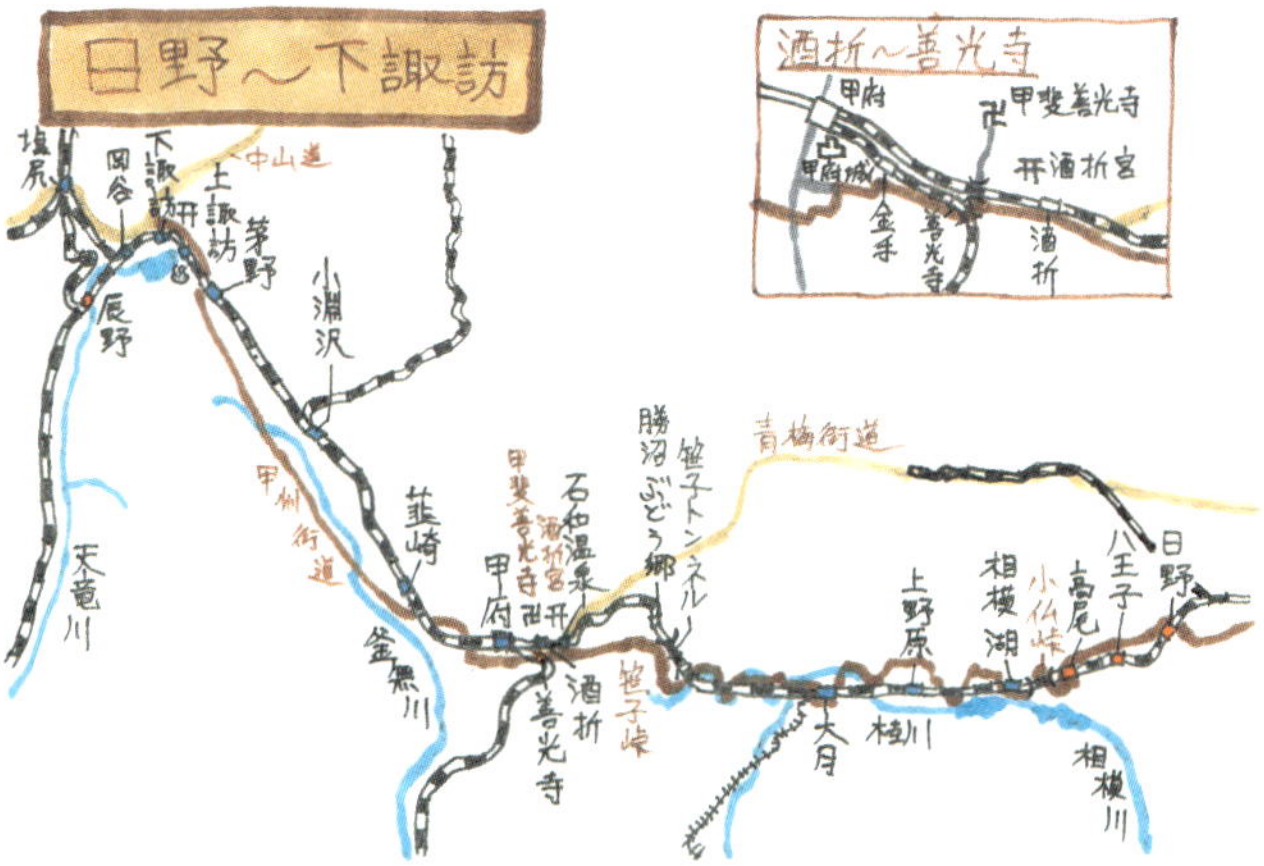

❖甲州街道各駅停車の旅　まとめ

■総乗車距離：２０７・０㎞
■実所要時間：８時間20分
（甲州街道駅〜日野駅間、酒折駅〜善光寺駅間の徒歩を含む）

■平均速度：24・８㎞／ｈ
■乗った電車の数：15本
■通った駅の数：87駅
（日比谷と有楽町、立川と立川南は別の駅とみなす）
■追い抜かれた本数：８本
（京王線特急３本、区間急行１本、回送２本、特急あずさ号２本）

第四章　武田勝頼タイムトラベル

武田勝頼タイムトラベル

甲州街道の旅の後半、笹子峠を越えてからは武田氏ゆかりの史跡、中でも武田勝頼にまつわる史跡が多い印象を受けた。戦国時代ファンでもある私は武田勝頼という武将に興味を持ち、経歴を調べたり、勝頼が主人公の歴史小説を読み始めたりした。

武田勝頼は、父・武田晴信（信玄）が作り上げた「強い武田」を滅亡させた当主として世間一般の評価は低い。しかし経歴を振り返ると、若い頃は武田一門衆の将として北条領や今川領を攻める戦いで活躍し、家督を継ぐと徳川領や織田領に侵攻している。長篠の戦いに敗れた後も対徳川戦線を維持しながら、越後遠征や北条氏との戦いで積極的に遠征している。甲斐府中から外へと繋がる甲州街道沿いに勝頼ゆかりの史跡が点在するのも頷ける。ここからは「甲州街道てくてく歩き」の課外活動として、甲州街道近くにある武田勝頼ゆかりの場所を歩きまわってみる。

武田勝頼像（甲斐大和駅前）

生まれのルーツ・信濃国上原城

訪問日　2023年5月3日

武田氏の当主の通り字は「信」であるが、勝頼の名には入っていない。勝頼は武田晴信（信玄）の四男であり、母は側室だったため、当初は後継者と見做されていなかったためである。勝頼の母・諏訪御料人は信濃国諏訪領主の諏訪頼重の娘で、晴信により諏訪一族が滅ぼされた後に晴信側室となっており、勝頼も当初は母の実家である諏訪氏の名跡を継いで「諏訪四郎勝頼」と名乗っている。「頼」は諏訪氏当主の通り字である。

さて、その諏訪氏の居城が上原城である。茅野駅から甲州街道を諏訪湖方面に1km程進むと上原城の城下町跡で、甲州街道の道端には標柱が建っている。鍛冶小路、遊女小路、渋沢小路など、往時の通りの名前から城下町の遺構を偲ぶことが出来る、と言いたいところだが、実際には単なる田舎の路地である。

上原の城下町跡。通りの名前に往時を偲ぶ

鍛冶小路を抜け、つづら折りの道路を上る。「上原城跡　これより2㎞」の道標があるのがありがたい。時折諏訪ナンバーの軽自動車が追い越して行き、そのあたりに駐車して山に入って行く人もいる。山菜取りにでも行くのであろうか。

30分程の坂上りで上原城跡の入口に着いた。城下町跡の標高は約780m、上原城は978mなので200m近い比高差を上がっている。城跡に入ると大空堀の遺構があり、ついで三の廓に入るとお社と鳥居が建っており、金毘羅大権現が祀られている。鳥居からは上原の城下町と谷底を流れる宮川の流れがきれいに見える。谷の向かい側の山は高遠へ繋がる街道が通る杖突峠と守屋山。今日は見事な五月晴れなので、新緑が色鮮やかに輝いている。

三の廓から一段上がると二の廓で、お社の屋根のすぐ裏に物見石という巨石がある。手がかりがないし、大事な史跡なのでよじ登ることは自重するが、ここに上ると杖突峠や宮川沿いが更によく見えるのだろう。二の廓からもう一段上がると主廓で、広場のように平らに整備されている。周囲を囲う土塁や虎口《こぐち》（城入口の

上原城二の廓にある物見石。下に三の廓の神社の屋根が見える

防御施設）の痕跡も残っており、規模は小さいながらもなかなか堅牢そうな山城だ。

上原城は敵に攻められた際の詰めの城で、普段の城主の居住空間は山の中腹にある城館跡だ。城内の案内板を見ると、上原城と城館跡を結ぶ道があるようだ。まともな道路を行くと大迂回しながら２km近く歩くことになるが、城館と詰めの城の間には行き来する道があるに決まっている。道標は見当たらないが、三の廓の鳥居から山道を下りて行くようだ。

さて、その山道である。踏み跡はあるので迷子にはならないが、傾斜が急な上に落ち葉が積もっているので、滑り落ちないように慎重に歩く。こういう地図に載っていない山道を思い付きで突破すると、蜘蛛の巣に突っ込んだり服が種子だらけになったりして後悔することが多いのだが、季節が良かったのか道が良かったのか、10分程で無事に山道入口の鳥居が見えて城館跡に辿り着いた。

城館跡は立派な石碑が建っており、上原城と諏訪氏の統治の歴史や、武田氏による支配とその滅亡までの経緯の解説が付いていてい

上原城より城下町跡を望む。鳥居の下は城館跡へ続く山道

る。この上原城、武田方になった当初は板垣信方が入って諏訪地方統治の拠点として使っており、城館跡の字名は板垣平と言うそうだ。

その後の武田氏による統治の拠点は諏訪湖に近い高島城（茶臼山）に移転しているが、上原城も軍事拠点として維持されていたようで、天正十年の木曾義昌謀反の際には、勝頼は軍勢を率いて後詰として上原城に入っている。

しかしそれも束の間、木曽路は鳥居峠の戦いで敗北し、伊那路の守備も飯田城から高遠城まで後退、更には武田一門衆の穴山梅雪が徳川家康に通じたことで駿河路も突破され、防衛戦線が崩壊した勝頼は上原城から新府城に撤退を余儀なくされている。新府城については後ほど改めて紹介する。

せっかく上原城まで来たので周囲の史跡や城跡にも寄ってみる。一旦城下町まで下りて旧甲州街道を上諏訪宿方面に向かい、諏訪頼重公の菩提寺である頼重院に寄る。城館跡からは20分程の道程だ。諏訪頼重は武田氏に捕えられて甲府で自刃しているが、家

諏訪頼重公の菩提寺、頼重院

臣が遺髪を持ち帰って葬ったと伝わる。頼重院は大きな寺院で、「上原城主諏訪頼重公廟所」と書かれた立派な石碑がある。中に入ると住職さんのご家族らしき方が境内の掃除をしており、軽く会釈をして墓所に入る。

次に目指すのは桑原城で、30分程の道程だ。距離は近いのだが急峻な山の中にあり、登城口まで延々迂回する。霧ヶ峰入口の信号を右に折れ、県道を桑原城跡普門寺口登城口まで行くが、県道とはいえ傾斜がかなりきつい。登城口からは遊歩道を進む。整備が行き届いており気持ちは良い道だが、これも相当な坂道で、太股の付け根が痛くなってきた。

やがて遊歩道は階段に変わり、道が三つ又に分岐する地点に着く。道標には右は城跡、左は桑原口と書いてあるので、まずは進路を右に取り城跡を目指す。空堀や曲輪の跡がしっかりと残っている。二の丸跡と本丸跡はともに広場になっており、本丸跡からは上原の城下町と杖突峠が、二の丸跡からは諏訪湖と上諏訪、下諏訪の街が見下ろせる。諏訪湖の向こうには穂高の白い峰が見え

桑原城二の丸跡からの眺望。眼下に諏訪湖、遠くに穂高

ており、なかなかの絶景だ。

　桑原城は上原城の支城で、上原城本体を棄てた諏訪頼重が最後に籠城した城だ。戦闘に備えて物見に出たところ、城を捨てて逃亡すると勘違いした家臣が相次いで逃亡してしまい、最後は20名ほどとなって武田方に降伏している。確かに桑原城は要害であるが、本丸、二の丸ともに広いので数百名規模の手勢が居ないと守り抜くことは難しいと思われる。

　桑原城を見たので、次は上諏訪にある高島城に行ってみようと思う。順路は先ほど上って来た普門寺口に下りれば良いのだが、ここで「同じ道を下りても面白くない」と魔が差してしまった。先ほどの道標に「桑原口」と書いてあったので、地図には載っていないが、山の反対側に下りる道もありそうだ。少々遠回りになるが、桑原口の山道を下りる。落ち葉が積もっているので滑らないように気を付けながら下り、途中で倒木を跨いだり潜ったりもしたが、遊歩道はきちんとトレース出来て、最後は砂防ダムの上を通る舗装道路に出た。上原城や頼重院から来るなら桑原口から

桑原口の落ち葉が積もった山道を下る

入るのが順路ではあるが、砂防ダムの上にある登城口に迷わず辿り着けた自信はない。

ここから高島城までは4km程の道程だ。昨年12月に歩いた旧甲州街道を再び行く。僅か5カ月前のことであるが、季節も時間帯も違うので違う道のように感じる。市街地に入ってからは、前回とは違う道を歩いてみる。上諏訪の街はそこら中に温泉が湧いており、町の自治会専用の共同浴場なんて物もある。

高島城は立派な石垣がある、いわゆる織豊時代の城だ。築城主は豊臣秀吉家臣の日根野高吉、天正十八年(1590年)に諏訪に入り、慶長三年(1598年)に諏訪湖の水辺にあって「諏訪の浮城」と呼ばれる名城が完成している。

それだけであれば、「余所から来たお殿様がとても立派な城を築きました」という話なのだが、関ヶ原の戦いの後の慶長六年(1601年)に諏訪頼水が領主として高島城に入城、以来廃藩置県までは諏訪氏が治めている。それもあってか高島城は地元のシンボルとして非常に愛されており、今日まで大事に保存され、

立派な石垣と堀がある高島城

天守や門も復元されている。

諏訪氏は頼重の代で滅びた筈ではないかと疑問に思ったのだが、高島城の展示資料を見て謎が解けた。諏訪氏は平安時代からの長い歴史の中で何度か分裂し、南北朝時代には宗教的権力を持つ上社大祝《おおほうり》家と政治的権力を持つ惣領家が存在していた。領主の家系である諏訪惣領家は、諏訪頼重が武田晴信に滅ぼされ、その血と名跡を継いだ武田勝頼も織田家によって滅亡させられたが、一方の上社大祝家は引き続き存続したそうだ。その後、信濃国の支配者となった徳川氏によって上社大祝家の諏訪頼忠が取り立てられ、一時期は徳川家と一緒に関東に移るも、関ヶ原の戦い後に諏訪頼忠の息子の頼水が故郷の諏訪に領主として返り咲いた、という経緯だそうだ。

高島城天守閣からの眺望。向こうの山は桑原城跡

✧上原城データ

■築城年代不明。諏訪氏の統治拠点として城郭を建造
■天文十一年（1542年）武田氏に攻略され落城、板垣信方入城
■天文十七年（1548年）武田軍が村上義清との上田原の戦いに敗れ、板垣信方は戦死
■天文十八年（1549年）諏訪郡代として長坂虎房（釣閑斎）が入る。政治拠点は上原城より高島城に移転
■天正十年（1582年）織田・徳川連合軍による武田領侵攻の後詰めのため武田勝頼が入城するも、戦線崩壊により新府城へ撤退
■主な城主・城代
諏訪頼重、板垣信方、長坂虎房（釣閑斎）

上原城の麓にある城館跡

初めての城・信濃国高遠城（勝頼十七歳）

訪問日　2023年6月17日

勝頼は永禄五年（1562年）、十七歳の時に諏訪氏を継承して高遠城《たかとおじょう》主となった。以来、元亀二年（1571年）に甲府へ召喚されるまで高遠城を拠点に上伊那郡の領主を務めている。母・諏訪御料人の墓所はこの高遠にあり、また嫡男信勝はこの地で生まれているなど、勝頼にとっては初めての城であり、武田一門衆の若き将として青春時代を過ごした地でもある。

高遠城に公共交通機関で向かうには、通常は伊那市からバスを使う。しかし甲斐府中から高遠に入る場合は、茅野から杖突峠を越えて行くのが「本式」である。かつては茅野からも路線バスがあったのだが、現在では桜の開花シーズンの数日しか運行されていない。それ以外の時期は茅野から歩いて杖突峠を越えるしか選択肢がなさそうだ。「歩く」が移動手段の選択肢に入っている時

上原城から見た杖突峠

点でどうかと思うが、この本のテーマは「歩き旅」なので仕方がない。

これまで中央本線の普通電車にはさんざん乗っているので、今回は趣向を変えて高速バスで行ってみる。バスタ新宿7時25分発の岡谷駅行きアルピコ交通の高速バスに乗る。バスタ新宿を使うのは今回が初めてで、なかなか機能的なバスターミナルなので感心するが、トイレ待ちの行列の長さが尋常ではない。これから数時間の高速バスに乗ろうという人が、乗車前にトイレを済ませておきたいと思うのは極めて自然なので、トイレの設計に関しては失敗していると思う。

バスタ新宿を発車し、初台ランプから首都高4号線に乗るが、いきなり渋滞である。今日は土曜日で天気予報は晴れ。梅雨の晴れ間で行楽に出かける人が多いのだろう。中央道に入ってもノロノロ運転は続き、日野バス停付近を先頭とする行楽渋滞にどっぷりはまってしまった。日野バス停付近は多摩川沿いの低地から日野台へ取り付く上り坂になっており、歩いて日野台に上ったこと

バスタ新宿より岡谷駅行き中央道高速バスに乗車

がある人ならば誰でも知っているのだが、週末ドライバーの皆様は地形の特徴には興味がない様子なので、上り坂でアクセルを十分踏まずに渋滞を引き起こす。

甲府盆地を過ぎ、双葉サービスエリアで20分のトイレ休憩となる。旧甲州街道の赤坂台のすぐ近くで、周囲の景色に既視感を覚える。それは良いのだが、既に1時間以上の遅れとなっており、いつ茅野に着くのかヤキモキする。バスは各停留場で乗客を降ろしながら中央道を進み、中央道茅野バス停の到着は11時20分、所定より1時間10分遅れである。土曜日の朝に高速バスを使うときは、始めから遅れを見越して乗った方が良さそうだ。

今日のこれらの予定だが、杖突峠まで約7km上り、杖突峠から高遠まで約19kmを下るという道程になる。16時半前には高遠に着きたいので、逆算すると5時間で26km、平均時速にすると5km／h以上のハイペースが要求される。5km／hと言ってもピンと来ないと思うが、要は1kmを歩くのに12分を切れば良いということだ。

杖突峠への上り道（国道152号線）

ともあれ歩き始める。宮川を渡り、民家が立ち並ぶ急坂に取り掛かる。気温は既に30℃近く、あっという間に背中は汗だくである。家並みが尽きると畑の横の未舗装道となり、時折農作業の軽トラが駐車している。荷台には玉ねぎが並べて干してあり、収穫シーズンのようだ。

畑が尽きると国道152号線に出る。この区間の別名は杖突街道、いにしえからの杖突峠越えの道の名前が付いている。杖突峠まではつづら折りの坂道だが、先ほどまで歩いていた畑の横の道よりは傾斜は緩いのでまあまあ歩きやすい。上ること1時間余りで周囲の景色が開けてきて、下に茅野の街が見えてくる。

杖突峠には峠の茶屋があり、蕎麦屋と喫茶店が入っている。時刻は12時40分、空腹だし景色も見たいので蕎麦屋に入ってざるそばを注文する。二八の信州そばはなかなか美味かった。景色も絶品で、右手遠くには八ヶ岳連峰、正面には茅野の街と上原城跡がある山、左手遠くには諏訪湖が見えている。

腹ごしらえが出来たので高遠へと向かう。昼食に時間を使った

杖突峠からの眺望。向かいの山は上原城跡、左手に諏訪湖

ので、これから19㎞の道程は3時間半、1㎞あたり11分のペースが要求される。高遠までは南南西の方角に開けた谷を行くので、午後の太陽はほぼ正面にある。気温は30℃ほど。水と麦茶のペットボトルを背負い、帽子を目深に被って歩き出す。

峠のサミットを越えると伊那市の標識が目に入る。平成の大合併前は、旧高遠町だったエリアだ。道の傍らに石碑があり、高遠町・杖突街道の表記がある。右手の山は守屋山。景色が良く、ハイキングコースがあるので、初心者の日帰り登山に向いているらしい。登山道入口の標識を通過する。

下り坂を快調に歩くと、右手にバス折り返し場と待合所が見えてきた。バス停のポールには「古屋敷」と書いてあり、平日の朝晩にはローカルバスが走っているのだが、土日は運休である。バス停のすぐ裏には守屋神社という社があり、森の中に石段が続いている。出来ればここで休憩したいのだが、時間が押しているので5秒だけ立ち止まって、写真を撮ったら歩行再開する。

谷が少し開けて片倉の集落が見えてきた。山に抱かれた落ち着

森の中の古屋敷バス停。背後は守屋神社の鳥居

いた雰囲気の集落で、なまこ壁の蔵があり、道端に野焼きの煙が上がっているのもなかなか良い。片倉から先は緩い下り坂となり、杖突街道沿いに集落が並んでいる。但し商店は全くなく、自動販売機もないので、この道を歩くときには飲み物持参が必須である。片倉を出ると、藤沢、水上、荒町とのどかな集落が連なる。

杖突街道は藤沢川の谷に沿って下って行く。川沿いには田んぼがあるのだが、道は少し高台を通っている。今日は晴れているので川はおとなしいが、周囲は山なので雨が降ると一転して暴れるのだろう。水量はやや多く、ずっと下り坂なので流れは速い。この杖突街道に限らず、いにしえの道が川から少し離れた高台を通っているのは水害対策の為である。

途中、国道が明らかに高規格のバイパスとなっている箇所に出たが、右手に集落を縫って行く旧道が見えたので、そちらの道を行く。四日市場という集落で、かつては市が立ったのだろう。国道に再び合流する地点に庚申塔が立ち並ぶ一角があり、これもまた古い街道の特徴である。

山に抱かれた片倉の集落となまこ壁の蔵

左手に「中央構造線板山露頭」の標識が見える。中央構造線の断層が地上に露出していて、地質学が好きな人にはたまらない場所だという。私は地質学には疎いが、いま歩いている藤沢川の真っすぐな谷は中央構造線の断層によって作られたと思うと、ちょっと不思議な気分になる。かつての甲府から伊那地方へ向かう街道が、諏訪湖から天竜川沿いではなく、わざわざ杖突峠を越えて藤沢川沿いの谷を進んだ理由が分かるような気がした。この谷はとにかく真っすぐで、谷底が開けているので歩きやすいのだ。若武者だった頃の諏訪四郎勝頼も、恐らく騎馬に乗ってこの道を何度も往来したことだろうと想像してみる。

現実世界に戻ろう。時刻は15時半を過ぎて少し日陰が出来てきた。高遠城まであと４km。１kmあたり11分を切るハイペースで飛ばしてきたので、日がある内に高遠城に着きそうだ。国道１５２号線は比較的歩道が整備されており、歩きやすい。但し歩道上に下草が伸びている箇所があり、長ズボンは必須である。

高遠城は山城だが、杖突街道から来ると城の搦手側からのアプ

日が傾いて日陰が出来て来た。高遠城まであと４km

ローチになるので、上りの距離はそこまで長くはない。とはいえ、国道から外れると急坂になる。ポレポレの丘という公園の入口を通過し、城址公園の標識を頼りに坂を上り下りして行くと、突然目の前に城の堀が現れた。高遠城は桜が有名だが、この時期は葉が生い茂っていて周囲の見通しがきかないため、唐突に城に着いてしまった感が強い。これが桜のシーズンだと、恐らく遠くに淡いピンク色の木々が見えて、全く違った見え方になるのだろう。

北ゲートから城跡に入り、中堀を渡ると高遠閣の壮大な建物が目に入る。昭和初期に建てられた木造建築で、町の会館として建てられたそうだ。高遠城が現役だった時代の建物はと言うと、明治維新後に廃城となった際に残らず民間に払い下げられて取り壊されている。高遠城跡が公園として整備されることになり、桜の木を植えたのは明治九年（１８７６年）のことだ。ということは、現在名物となっている高遠城跡の桜は、城が現役だった頃には存在しなかったということになる。もっとも当時の城内にも桜の木の一本や二本はあったのかもしれない。

高遠城址公園に到着。桜の木が生い茂る

二の丸跡から桜雲橋《おうきんきょう》で内堀を渡り、本丸跡に入る。本丸跡への入口には問屋門があるが、これは元々城にあった門ではなく、城下町の問屋役所にあった門を移築したものだそうだ。

本丸跡も桜の木で埋め尽くされており、往時の建物配置がどうなっていたかはよく分からない。南西寄りの一角に太鼓櫓が建っている。江戸時代の時の太鼓は搦手門の中にあったのが、廃城に伴い取り壊されたので、新たに明治時代にこの場所に建て直したそうだ。時を知らせる太鼓は昭和十八年まで現役で使われた。

本丸の北西寄りの角には神社がある。新城神社と藤原神社で、新城神社の祭神は仁科《にしな》五郎盛信、藤原神社は江戸時代に高遠藩主となる内藤家の祖先、藤原鎌足《かまたり》だそうだ。

仁科五郎盛信は四郎勝頼の弟にあたり、織田信忠の大軍が伊那路を攻め上った際に、高遠城に籠城して壮絶な討ち死にを遂げた人物である。仁科氏は元々長野県北西部の安曇《あずみ》郡の領主で、盛信も越後との国境にある森城（現・大町市、木崎湖畔にある水城）を居城に対上杉戦線に当たっていたのが、織田氏・徳川氏との対

新城神社・藤原神社の鳥居。桜の木で見通しがきかない

立が激化したため、天正九年（1581年）に高遠城に入城している。新城神社で手を合わせ、二十六歳の若さで命を散らせた盛信の冥福を祈る。

続いて南曲輪へ向かい、白兎橋《はくとばし》で外堀を渡ると法幢院《ほうどういん》曲輪。南ゲートを出ると美術館の立派な建物がある。南ゲート付近でもかなりの高台で、遥か下に三峰川を見下ろす。歴史博物館と、江戸城大奥女中頭だった絵島の囲み屋敷の史跡は坂を下りた所にあるのだが、見学の最終入場は16時半、現在時刻は17時とあって、今回は断念する。中央道の大渋滞の影響がここに出てしまった。

再び城内に戻りぶらぶら歩いてみる。外堀の中に下りて堀の底を歩く道があるのだが、歩き疲れたのと、堀の中は草木が生い茂っていて虫も多そうなので、外堀の中に下りるのはやめておく。仮に堀の中に下りたら、南曲輪や二の丸を見上げながら「この上から鉄砲や弓矢で狙われたり、石を落とされたりしたらまず助からないな」という恐怖をたっぷり味わうことになっただろう。この地で戦って散った、三千人とも言われる武田軍の兵士の霊を刺

高遠城より三峰川を見下ろす。川沿いの大きな建物は歴史博物館

激してはならない。

中堀の橋を渡って北ゲートを出ると三の丸跡だ。藩校「進徳館」の茅葺きの建物が残っている。開校は万延元年（１８６０年）、１６０年前の建物である。正面の立派な玄関は教授用、脇の小さな玄関は生徒用と分かれている。似たような構造の建物をどこかで見たことがあると思ったが、宿場の本陣建築がそうであった。正面玄関はお殿様専用、脇の玄関が一般客用に分かれている。

進徳館から坂を少し下りると、三の丸の広場の一角に旧大手門が建っているのが見える。大手門の位置としては妙だが、この場所にはかつて高遠高校があり、旧大手門を保存して高校の正門として使っていた。廃藩置県により一旦民間払い下げになって別の場所に移築されていたのを、三の丸跡に再移築したそうだ。そのおかげで往時の城の建造物が、場所は少し違うが城跡に無事保存されたわけで、建屋を寄贈・再移築して戴いた元の持ち主と高遠高校の関係者の方には感謝の気持ちしかない。

旧大手門。移築により三の丸跡に建つ

三の丸から更に坂を下ると元の大手門跡で、道の両側に石垣が残っている。高遠城跡に残る唯一の石垣だそうだ。大手坂を下って城をあとにする。ところで今回の旅のテーマは「武田勝頼ゆかりの地を歩く」の筈だったが、高遠城跡を見ても、あまり勝頼ゆかりという感じはしなかった。城跡公園が桜の木で埋め尽くされていて、城の遺構を偲ぶのが難しかったせいもあるが、この地には一年しか居なかった仁科五郎盛信の壮絶な戦死や、その後の江戸時代の高遠藩の統治時代の色合いが濃かったせいもあるだろう。勝頼の波乱に満ちた生涯の中では、高遠時代の十年間は比較的平穏であったが故に、この城に勝頼にまつわる事件やエピソードは残らなかったのだろう。平穏で順調な日々は、歴史の教科書には記録されないものだ。

大手坂を下りて藤沢川の橋を渡り、江戸時代の高遠の城下町を歩く。古い商家が残っており、電線が地中化されていることもあって雰囲気が良い。但し殆どの商店が閉まっており、あまり人通りはない。蕎麦屋やカフェが並んでいるのだが、昼間のみ営業

高遠城大手門跡の石垣

で夕方はやっていないようだ。高遠の街中には旅館は数件あるのだが、ビジネスホテルはないので、夕方から夜に掛けての外食需要は少ないのだろう。

道の左手の商店の前に大きな鉄の釜が置いてある。高遠の地酒「仙醸」の旧酒蔵だ。そのまま道を進むと、左手に古い酒屋が開いていたので、お土産を物色しに入る。店主さんにお勧めのお酒を訊くと、「やまむろ」というお酒を紹介して戴いた。酒米に旧高遠町の山室地区で取れたお米を使った「純高遠産」のお酒で、店主さんも先ほどの酒蔵に絞り作業の手伝いをしに行ったそうだ。高遠以外では殆ど出回っていないということで、翌日が父の日ということもあり、父親の分と自分の分の二本を買って帰ることにした。冷やして飲んでみると、辛口で野太いしっかりした味わいの純米酒だった。

さて、時刻は17時45分、高遠から伊那市へ向かうバスは17時55分が最終便なので、何とか間に合った。酒屋の向かいがバスターミナルで「高遠駅」の看板が出ている。バスなのに「駅」とはこ

高遠の城下町。背後の山が高遠城址

れ如何にと思うが、ＪＲバス関東＝旧国鉄バスの運行なので、国鉄時代は鉄道との通し乗車券などもあったのだろうか。待合室やバス乗り場の様子も、駅のホームのような造りだ。

バスに揺られること20分、伊那バスターミナルに着く。ここから東京へ帰る選択肢は中央道高速バスとＪＲ飯田線があり、高速バスの方が速い。しかし、行きの渋滞で高速バスは少々食傷気味なので、今日は飯田線を選ぶ。飯田線に乗るのは久しぶりで、以前に乗った時は国鉄時代の電車が走っていたのだが、さすがに今はＪＲ化後に造った新しい電車だ。岡谷、上諏訪と乗り継いで上諏訪駅ホームの足湯で一休みする。今日は非常に激しく歩いたので足がクタクタであるが、30分程足湯に浸かったら結構ほぐれた。上諏訪からは最終の特急あずさ60号に乗車する。もちろんビールとおつまみはしっかり買い込んでいる。

高遠駅のホームのようなバスターミナル。右手には酒屋

✧高遠城データ

■築城年代不明、諏訪氏一門の高遠氏が居城として築城
■天文十四年（1545年）武田氏に攻略され落城
■永禄五年（1562年）諏訪勝頼が上伊那郡代となり城主就任
■元亀二年（1571年）武田勝頼が甲府に召喚され叔父の武田信廉《のぶかど》が城主に
■天正九年（1581年）仁科盛信（勝頼の異母弟）が城主に
■天正十年（1582年）二月、織田信忠軍の総攻撃を受け落城
同年七月、天正壬午の乱が発生。北条方に付いた保科《ほしな》正直が城を奪取するも、その後徳川方に鞍替え
■主な城主
高遠頼継、秋山虎繁、諏訪勝頼、武田信廉、仁科盛信、保科正直

高遠城跡より眼下に城下町を望む

若き猛将（その1）・武蔵国滝山城（勝頼二十四歳）

訪問日　2019年1月13日

滝山城は東京都八王子市にある平山城で、多摩川沿いの丘陵地に位置する天然の要塞である。武田勝頼と東京都下の城の組み合わせは意外な感じだが、武田氏と北条氏の勢力争いの中、永禄十二年（1569年）に信玄は小田原攻めを敢行し、その途中で北条氏照《うじてる》（当主の北条氏政の弟）が守る滝山城を約2万人とも言われる軍勢で包囲している。勝頼も軍勢を率いて参加しており、北条方の武将と槍合わせを行い、「大将自らが斬り合いをするものではない」とたしなめられたと伝わる。

滝山城を訪問するには八王子駅からのバスが便利だ。滝山街道方面の戸吹行き西東京バスで20分程、その名も「滝山城址下」バス停で降りると大手口の脇である。城跡全体が都立滝山公園として保存されており、道は石畳や舗装が行き届いて気持ち良いハイ

滝山城址の上り道。曲輪や土塁の痕跡が残る

キングコースになっている。

三の丸、二の丸、中の丸、本丸と進む。二の丸を中心に土塁や馬出《うまだし》（虎口を守る小さな曲輪）など防御機能で固められており、その痕跡が今も残っていて圧巻である。中の丸と本丸の間の大堀切の上には引橋という木造の橋が架かっており、今は固定された橋だが、かつては名前の通り引橋、つまり有事には通行を遮断出来る可動橋だった。

かつては城内に弁天池という池があり、水場であると同時に、小舟を浮かべて宴を楽しんだと伝わる。北条氏ナンバーツーの居城ともなると単なる防衛拠点ではなく、豪勢な居住施設も整っていたのだろう。

しかし「気持ち良いハイキングコースのような道」というのは城の機能としては少々都合が悪い。滝山城は北から侵攻する敵に対しては秋川・多摩川の流れと丘陵地による鉄壁の防御となるが、南西方向はさほど急峻ではない。滝山城の南西は北条氏の本拠地の小田原なので、通常であればこの方向から敵が攻めてくること

本丸跡より北側の秋川と多摩川を見下ろす

はないが、武田軍は北の方角から大軍で侵入して多摩川の対岸の拝島に陣を敷いた上で、都留郡に本拠地を置く小山田信茂の軍勢に小仏峠の間道（当時は甲州街道は整備されていない）を越えさせて、西南方向より滝山城に侵攻した。その結果、滝山城は三の丸まで攻め込まれており、小田原から援軍が来なかったため落城寸前となり、守将の北条氏照は大いに肝を冷やすこととなった。

滝山城のその後だが、軍事拠点を八王子城に移転することとなり廃れてしまう。武田氏、ついで甲斐に入った徳川氏に対抗する必要性から、北条氏照は堅牢な山城への移転を決断したと言われる。その八王子城も豊臣秀吉による小田原征伐の際に上杉景勝、前田利家、真田昌幸らの軍勢に攻められて落城し、北条氏照本人は小田原城に詰めており不在の中、城内に居た氏照正室を始めとする婦女子が自刃するという悲劇に見舞われる。

少々脱線した。滝山城の中核部を見学した後は、引橋の下を通り抜けて大堀切から多摩川方向に下りてみる。石畳の道が整備されているが、防御施設である堀切に歩きやすい道を通すのは考え

大堀切に架かる引橋。現在は道が整備されている

にくい。往時はもっと深い堀切で、もし道があったとしても通用口のようなものだったのではと思う。

　滝山城を出てしばらく歩くと、都道瑞穂あきる野八王子線に出る。西東京バスの「滝」バス停があり、拝島駅と工学院大学や純心女子学園を結ぶバスが通っている。本数は多くないが、幸い15分程の待ち時間でバスが来た。

西東京バスの「滝」バス停。背後の山は滝山城

✧滝山城データ

- 永禄十年（１５６７年）頃までに北条氏照により築城
- 永禄十二年（１５６９年）武田信玄の小田原攻めにより攻防戦を繰り広げる（滝山合戦）
- 天正十五年（１５８７年）頃、八王子城へ移転
- 主な城主　北条氏照

若き猛将（その2）・相模国三増峠（勝頼二十四歳）

訪問日　2023年2月5日

滝山城を攻めた武田軍は、今度は北条氏の本拠地である小田原城を囲んで圧力を掛けている。東上作戦の目的は北条氏に圧力を掛けて今川領侵攻への介入をさせないことだったので、小田原城の囲いは三日で解いて甲斐国に引き揚げている。その途中の三増《みませ》峠で再び北条の軍勢と激突しており、勝頼は殿軍を務めて若き猛将として名を上げている。

三増峠は神奈川県愛川町にあり、津久井湖の10㎞程南に位置する。本厚木駅より神奈川中央交通（神奈中バス）の路線が通っており、国道412号線を行く半原行きか、県道65号線を行く上三増行きのどちらでも行ける。武田の軍勢がどちらのルートを通ったかは詳しく知らないが、武田軍を追って小田原から出陣した北条氏政は、荻野まで進軍して小田原に引き揚げたと伝わる。荻野

半原行き神奈川中央交通バス

は国道412号線沿いなので、武田軍も同じルートを通った可能性が高いのでは、という思い付きで半原行きを選択する。

　厚1系統の半原行きは本厚木駅前8時20分発だが、バス停には長蛇の列が出来ている。ハイキングに行くとおぼしき老若男女、と言いたいところだが、若い人は殆どいないので「老々男女」の集団がはしゃぎながらバスを待っている。列の最後尾に並び、混んでいるバスに乗る。

　乗客は多いが途中で降りる人が少ないため、バスは快調に飛ばして行く。鳶尾山前を過ぎた所で一番前の特等席が空いたので座る。本厚木駅から30分程の半僧坊前バス停で下車する。ハイキング姿の人も結構ここで降りた。

　県道へ進んで中津川の橋を渡ると丁字路に出る。目の前は丘だが、地図アプリは丘を真っすぐ上る道を指している。竹藪の中に入る急な坂道があり、これを上るらしい。集落を抜けて県道に出ると「胴塚」の立て看板がある。三増合戦で首を斬られた兵士の胴体を弔う塚だそうだが、背後は金属スクラップ業者の矢板塀で

三増合戦の首塚

囲まれており、どこが塚なのかがよく分からない。その先には「首塚」があり、こちらは石段の上に小さな社が建っている。思わず手を合わせる。

県道を更に5分程行くと三増合戦碑に着く。畑の脇の広場に大きな石碑と解説板、それに三増合戦の陣立て図がある。傍らには戦死者の供養塔が建っている。ただそれだけの場所なので訪れる人はそう多くはないだろう。両軍合わせて4万人とも言われる軍勢が激突した古戦場であるがとても静かな場所であった。

三増峠の戦いはこの原っぱ一帯で行われたらしい。問題はこの三増合戦の陣立て図で、北側の小高い方に武田軍、南側の低い方に北条軍が位置して書かれている。伝承では小田原から甲斐国に引き揚げる武田軍に対し、北条氏照（氏政の弟、滝山城主）と氏邦（同、鉢形城主）の軍勢が三増峠手前の高台で待ち構えており、更には小田原から氏政も出陣して武田軍を挟撃する作戦だった筈だ。この陣立て図は武田軍と北条軍の位置が入れ替わっている。

合戦の経緯を言うと、当初は北条の軍勢は東側の高台に陣取っ

三増合戦陣立て図。北の丘に武田軍、南の低地に北条軍が布陣

ており、三増峠に向かう谷底の道を行く浅利信種率いる小荷駄隊《こにだたい》（輸送部隊）を上から襲撃、北条の軍勢が谷底に下りた隙に、山県昌景の別動隊が西側の志田峠を迂回して高台より逆襲し、合戦終盤には「高台に武田軍、低い所に北条軍が居て、武田軍の殿を勝頼と馬場信春が務める」という陣立て図に書いてある通りの布陣になるそうだ。囮の小荷駄隊に先頭を進ませて敢えて攻撃を受けるあたり、武田信玄もなかなか喰えないというか、百戦錬磨の信玄とまだ若い北条氏照・氏邦らとの差であろう。なお小荷駄隊を率いた浅利信種はこの地で討ち死にし、三増峠手前の浅利明神に祀られている。

次に訪れるのは「信玄公旗立松」である。合戦碑から見て正面左手の丘の頂上にあり、逆襲に移る際に信玄の大将旗を立てて攻撃の目印にしたと伝わる。

田舎道を15分程歩くとゴルフ場入口があり、そのままゴルフ場に入り、舗装道路を上って行く。グリーンとティーグラウンドの間を通り抜け、ホール脇のカート道を上ると旗立松への上り口が

信玄公旗立松を目指してゴルフ場の中を歩く

ある。途中ゴルフカートとすれ違い、怪訝そうな顔をされる。つづら折りの土道を上って行くと、上からサイクリング車を担いだおじさんが下りて来た。お互いにゴルフ場からしたら場違いな闖入者である。

ゴルフ場入口から１２０ｍ程の比高差を上がると頂上で、旗立松の碑と小さな松の木がある。旗立松は大正時代に火事で焼けてしまい、昭和三年になって旗立松を偲ぶ碑を建てたそうだ。生えている小さな松はさらに新しく、恐らく平成になってから植えたものだろう。

丘の上からは三増合戦の戦場が一望出来る。遠くには厚木方面、更に遠くに見えるのは横浜だろうか、非常に景色が良い。但し太陽が南東方向に昇っており、逆光が非常に眩しい。なぜ北条軍はこの丘には軍勢を置かなかったのかとふと疑問に思ったが、手近な資料がないのでその辺の事情はよく分からない。

旗立松から麓に下りて、再び三増合戦の戦場に戻る。畑の真ん中から東側の小高い丘を見て、なるほどあの辺りに北条の軍勢が

信玄公旗立松と石碑。松の木は近年新たに植えたもの

展開していたのかと一人納得しながら歩きまわる。一見すると不審者に見えたかもしれない。

さて、三増合戦の古戦場は大体見て回ったか、次はここから北に向けて甲斐国に繋がる道を抜けて帰りたい。さすがに三増峠の狭いトンネルを歩くとか、峠越えの山道を延々歩くのはご勘弁願いたいので、バスを使って津久井湖・相模湖方面に出ることにし、中津川沿いの県道を４km程、半原バス停まで歩く。別に歩かなくても半原行きバスは来るのだが、中津川沿いの道は気持ちが良いため、時間調整を兼ねて歩いてみる。

半原バス停は大きなバス転回場があり、本厚木方面、田名方面と三ケ木《みかげ》方面のバスの結合点になっている。丁度３台のバスが揃った。私が乗るのは12時00分発の三51系統三ケ木行きである。9時00分発の次はこの時間まで間隔が空いている。バスは山を越えて20分程であっけなく三ケ木に着いた。

三ケ木はバス営業所に併設された立派なバスターミナルで、相模湖駅方面と橋本駅方面、その他にも道志川沿いや宮ケ瀬湖方面

三ケ木バスターミナルに３台のバスが並ぶ

のバスが発着している。当初は甲斐国に向かう道を相模湖駅に出ようと思ったが、目の前に橋本駅行きバスが発車準備をしているのを見て衝動的に乗ってしまった。

次に目指すのは津久井城で、見事な曲輪や土塁、竪堀が残っていると聞いて立ち寄りたくなった。三増峠の戦いの行軍ルートからは外れているが、津久井城主の内藤氏は北条方に付いて武田軍を包囲する一翼を担う筈であった。しかし上野原から出陣した武田方の軍勢に抑えられてしまい、三増峠には出陣出来なかったと伝わるので、全く関係がないわけではない。

クラブ前というバス停で下車する。何のクラブがあったのだろうか、少々謎なバス停の命名である。バス停近くのファミレスで昼食を済ませから津久井城に向けて歩く。最初は真っすぐの道だが、途中から曲がりくねった上り坂になる。山城巡りには坂道は付き物である。

津久井城は城山公園として整備されており、駐車場は家族連れの車で賑わっていた。パークセンター前の広場ではボランティア

津久井城跡。城山公園として整備されパークセンターがある

のおじいさんが青竹で何やら工作している。昔懐かしい「竹ぽっくり」を子供向けに作るイベントのようだ。パークセンターには津久井城に関する展示があるので、まず見学して城の概要を勉強する。この周囲は根小屋地区といい、居住空間があったそうだ。

　山上へ向かう道は二つあり、一つは直線的に上がる男坂、もう一つは迂回路の女坂だ。看板には男坂がお勧めと書いてあるのでそれに従う。本来の大手道は男坂とも女坂とも異なる経路のつづら折りの坂道で山上に上っていたが、その遺構は失われている。

　今日は天気が穏やかで、冬だというのに頭から大汗をかきながら上る。太鼓曲輪から堀切を渡り、本城曲輪に到達する。ここからの景色は素晴らしく、眼下には津久井湖、そして近くに遠くに山々が見える。杖を突いたおじいさんがいて、ここから見える山を教えてくれた。北の遠くには上州の榛名山、北西の遠くには甲武信ヶ岳が見え、また近くには高尾山、その右手奥は八王子城、左手奥は小仏峠だそうだ。以前に歩いたことがある道を別角度から俯瞰するのも良いものだ。

津久井城本丸跡からの眺め。眼下に津久井湖、奥は小仏峠

このおじいさんに「他の曲輪も案内しましょうか」と親切に言って戴いたが、杖を突いているので、一緒に山上を回ると日が暮れそうだ。お礼を言って辞退すると、「確かにあなたは身体つきからして健脚そうだね」とお褒めの言葉を戴く。

山上を移動し、飯縄曲輪、宝ヶ池、鷹射場と見て回る。飯縄曲輪からは南に三増峠や志田峠が見えており、ここから三増峠の戦いの様子も遠望出来たのだろう。鎖場（岩場にチェーンが掛かっている場所）を伝って鷹射場に下りると東に多摩丘陵が見えており、遠くに東京の街並みがうっすらと霞んで見える。

山上の曲輪を一通り回ったので今度は女坂から下りてみる。山を半周するように下りるので、確かに傾斜は緩いのだが、道が狭くて斜面の下を見ると目が眩みそうだ。斜面に張り付くような桟道を渡る箇所もあるので、特に高所恐怖症の人には絶対にお勧めしない。かく言う私も少々高所恐怖症の気はあるので、再訪する機会があったら間違いなく男坂を選ぶ。

津久井城の山上は曲輪や土塁が残る

✧三増峠の戦いデータ

■永禄十二年（1569年）十月八日発生

■武田軍の主な指揮官
武田信玄、武田勝頼、武田信廉、山県昌景、内藤昌秀、馬場信春、浅利信種

■北条軍の主な指揮官
北条氏照、北条氏邦、北条綱成、北条氏忠

三増峠の戦いの地。いまはのどかな畑の風景が広がる

御屋形様か名代か・甲斐府中躑躅ヶ崎館（勝頼二十八歳）

訪問日　2023年7月15日

永禄八年（1565年）、武田家嫡男である義信《よしのぶ》が謀反を企てたとして幽閉される、いわゆる「義信事件」が発生する。背景としては、桶狭間の合戦に敗れて以来落ち目の今川氏との関係悪化や、海を求めて駿河国を切り取りたい信玄の野望があった。義信は正室が今川氏出身ということもあって、今川との関係強化を望んでいたが、信玄の戦略とは相容れず、廃嫡された上に永禄十年（1567年）に死去する。

武田家の後継ぎとして勝頼に白羽の矢が立ち、かくして元亀二年（1571年）に勝頼は高遠から甲府に召喚され、姓も諏訪から武田に改めている。その二年後の元亀四年（1573年）四月、西上作戦のさなかに武田信玄は信濃国駒場の地で病死。「自身の死を三年の間は秘匿すること」と遺言し、表向きには信玄は隠居

父・武田信玄の銅像（甲府駅南口）

して勝頼が家督を相続したと発表されたが、「信玄死す」の噂は瞬く間に諸国に広まって行ったという。

　ともあれ、御屋形様となった勝頼は躑躅ヶ崎の館の主となり、武田家を采配することとなる。勝頼は父・信玄の路線を踏襲して徳川領への軍事行動を継続するが、四男であり正嫡ではなかった勝頼を「御屋形様」として認めるには、特にこれまで同僚であった武田家御一門衆には抵抗があったようで、家中の足並みを揃えるのに相当苦労したようだ。中には、信玄の正嫡は勝頼の息子の信勝《のぶかつ》であり、勝頼はあくまで名代、つまり代理ないし中継ぎに過ぎないという言い伝えもある。

　前置きが長くなったが、勝頼が御屋形様として入った躑躅ヶ崎の館を訪れてみたい。甲府駅で降りると、南口の駅前広場には武田信玄、北口の駅前広場には武田信虎《のぶとら》（信玄の父）の像があり旅行者を迎えてくれる。躑躅ヶ崎の館へは北口で降りて、武田通りを真っすぐ北に向かう。バスの便もあるのだが、今日は歩いてみる。

祖父・武田信虎の銅像
（甲府駅北口）

駅から15分ほど歩いた山梨大学付近より、飯富《おぶ》虎昌、秋山信友など家臣団の屋敷跡が点在する。武田通りは緩い上り坂になっており、典型的な扇状地の地形だ。さらに進むと武田信繁《のぶしげ》（信玄の弟で、典厩＝「てんきゅう」とも呼ばれる）や重臣・板垣信方の屋敷跡があり、扇状地の最奥部、道の突き当たりの武田神社境内が躑躅ヶ崎館跡にあたる。

正面の神橋を渡り、石段を上って神社の境内に入る。ここが主郭の跡であるが、躑躅ヶ崎の館が現役で使われていた頃は、神橋と石段の所には道はなく、堀と土塁で固められていた。本来の大手門は右手にあり、現在でも大手門跡と土橋が残っている。大手門前の広場には、発掘調査で出現した土塁や堀の跡がある。武田氏の時代は三日月堀だったのが、後世の改築で方形に変わったそうだ。

続いて城の左手、西曲輪に進む。武田信虎が躑躅ヶ崎の館を建てた当時は主郭のみだったのが、信玄の時代に西曲輪を増築し、長男・義信を住まわせている。ということは、義信廃嫡後に甲斐

躑躅ヶ崎館の大手口。土塁や堀の跡が保存されている

府中に召喚された勝頼も、当初は西曲輪に居住していたのだろうか。西曲輪の虎口（入口）の背後には土塁の枡形が築かれ、平城ながら防御力は高そうだ。

躑躅ヶ崎の館を後に、詰めの城である要害山を目指す。要害山の上り口は約3㎞歩いた積翠寺《せきすいじ》の集落にあるのだが、甲府駅の標高は約300m、武田神社の標高は約350m、対して積翠寺の標高は約530mもあり、館の先は道の傾斜がぐっときつくなる。

40分ほどの坂道上りで要害山の登山口に着いた。ここからはつづら折りの山道となる。足元は赤土か岩で滑りやすそうだ。大汗をかきながら上ること30分、竪堀の遺構や数多くの曲輪や門の跡を通り過ぎ、山頂の主郭跡は標高は780mの高所にある。あいにく小雨が落ちてきて、麓を見下ろそうにも、雲が低い位置に掛かっていて下は見えない。ベンチもないし、下は湿っているので、立ったまま休憩する。

この要害山であるが、信虎の治世では実際に詰めの城、つまり緊急避難場所として使われたことがあり、大永元年（1521

要害山城跡。随所に曲輪や土塁、門跡が残っている

年）の駿河勢侵攻の際には、身重の大井夫人を躑躅ヶ崎館より避難させ、長男・晴信（信玄）は要害山城、ないし麓の積翠寺で生まれたと伝わる。その後の信玄・勝頼の治世では詰めの城として使う事態は起こらなかったが、長篠の戦の敗戦を受けて、勝頼は要害山城の守りを固めるように指示を出している。

しかし、要害山城自体は地形が険しく、守備する曲輪の数は多いものの、致命的なのは他国へ通じる逃げ道がないことだろう。仮に要害山城に立て籠もっても、甲斐府中を包囲されてしまったら、援軍が来ない限りは状況打開が出来ない。勝頼が厳しい外交情勢を受けて新府城へ移転したのは、案外その辺りが理由かもしれない。

要害山城から麓に下りる。小雨で岩が濡れているので、滑らないように慎重に下りる。麓の積翠寺に着いた時はホッとした。山頂は雲が掛かって何も見えなかったが、積翠寺からは甲府の街並みがよく見える。雨も止んできた。

急な坂を下りて武田神社に戻り、今度は周辺部の曲輪を散策す

要害山の麓から甲府盆地を見下ろす

る。信虎正室の大井夫人の館があった御隠居曲輪、食料貯蔵庫の味噌曲輪、稲荷神社を祀った稲荷曲輪を回り、西曲輪を経由して再び主郭の武田神社に戻る。

次の訪問先は主郭の斜向かいにある「信玄ミュージアム」。常設展示のジオラマやパネル展示に加え、特別展示の出土品や映像を見る。パネル展示はきちんと信虎・信玄・勝頼の親子三代を取り上げているのだが、どうも勝頼の影が薄いように感じる。

信虎時代は永正十五年（1518年）から駿河追放となる天文十年（1541年）までの二十三年間、晴信（信玄）時代は天文十年から元亀四年（1573年）までの三十二年間に対し、勝頼時代は元亀四年から新府移転の天正九年（1581年）までの八年間と期間が短いのは確かだが、武田家最後の御屋形様だった勝頼に関するエピソードがもう少しあって良い気がする。「甲斐府中を作り、躑躅ヶ崎の館を作った信虎」「甲斐府中を発展させ、躑躅ヶ崎の館を拡張した信玄」に対し、「甲斐府中を棄てて新府に出て行った勝頼」は、ここ甲府に於いてはどうしても心情的に

信玄ミュージアム（旧穴山信君屋敷跡）

評価が低いのかもしれない。

信玄ミュージアムを後にし、信玄公墓所と山県昌景屋敷跡に寄ってから甲府駅に戻る。帰り道は武田通りではなく、一本東側にある山梨大学裏手の通りを進む。往時は鍛冶小路という名前が付いており、武具の製造・修理を請け負う鍛冶職人が住んでいたそうだ。商人・職人の居住区は扇状地の下の方なのだが、鍛冶職人だけは武家地に住んでいたそうだ。

甲府駅に戻ると駅前広場でイベントをやっており、キッチンカーが出店して賑わっている。その光景を信虎像が見下ろしている。僧体だが、右手に軍配を持ち、左手をぐっと握りしめた、なかなかアクが強そうな表情をした老人だ。

ここで、今朝からずっと覚えている違和感について触れておきたい。甲府駅前の銅像は信虎と信玄であり、勝頼はそこにはいない。また武田通り沿いの家臣の屋敷跡として紹介されているのは信玄時代の武田二十四将と称された家臣であり、躑躅ヶ崎の館の大手門近くは信玄側近の高坂昌信（春日虎綱）と一門衆の穴山梅

武田通り。家臣団や一門衆の屋敷が並ぶ（武田典厩信繁屋敷跡）

雪、重臣の板垣信方で固められている。勝頼時代の側近である長坂釣閑斎の館は扇状地の下の方、跡部大炊介の館は西側の山本勘助や真田信綱の館の近くの一角にあり、どう見ても下座である。

　ここからは全くの私見だが、今に語り継がれる甲斐府中は信虎と信玄の街であり、勝頼はどこか余所者扱いのような気がする。もし生前の勝頼本人がそのことを肌で感じていたとしたら、躑躅ヶ崎館と要害山城を棄ててでも、新府に自分の城と城下町を作りたかったのではなかろうか。甲斐府中と躑躅ヶ崎館を実際に見て、武田勝頼という武将の心情への思い入れがますます強くなってきたようだ。

躑躅ヶ崎館の西曲輪。桝形虎口を配した堅牢な造り

✧躑躅ヶ崎館データ

- 永正十六年（1519年）武田信虎が川田館から居館を移転
- 天文十年（1541年）武田信虎が駿河国訪問中に嫡男晴信に追放される。武田晴信が当主となる
- 元亀四年（1573年）武田信玄死去、武田勝頼が当主となる
- 天正九年（1581年）新府城への移転に伴い、武田氏当主の館としての機能を失う
- 天正十年（1582年）天正壬午の乱後、徳川家臣の平岩親《ちか》吉《よし》が入り、甲斐国支配拠点として使用開始
- 天正十八年（1590年）甲府城築城により機能停止

- 主な城主・城代

武田信虎、武田晴信（信玄）、武田勝頼、平岩親吉

武田神社と神橋（旧・躑躅ヶ崎館跡）

治世刷新の夢・甲斐国新府城（勝頼三十六歳）

訪問日　2023年5月3日

勝頼は父・信玄の拡大政策引き継ぎ、更に領地を拡大することで家臣団の統制を取っていたが、長篠の戦いで手痛い敗戦を喫して多くの老臣と兵力を失う。その後は北条氏との連携強化による外交立て直しを図り、北条氏政の妹（名前不明、北条夫人、または桂林院殿として知られる）を正室に迎える。

勝頼は徳川に対抗して駿河国・遠江国の戦線を維持しながら、真田昌幸を用いて上野国の勢力圏を拡大させ、更には上杉謙信死後の上杉氏の内紛（御館の乱）に介入して北信濃から越後にまで出兵するなど、積極的な対外戦略を取る。

しかし上杉景勝（謙信の甥・養子）に肩入れして、上杉景虎（北条氏政の弟、同じく謙信の養子）が敗死すると、景虎を支持する北条氏とは完全に手切れとなり、徳川氏・北条氏の同盟が成立

新府城想定復元図（新府城本丸跡に設置）

して三方面作戦を余儀なくされた。更に徳川氏の後ろには強大な織田氏が控えており、本国・甲斐を攻撃される恐れが高まってきた。

こうした見方で甲斐府中を見ると、躑躅ヶ崎館は三重の堀を張り巡らせているものの周囲は平らであり、館の背後の詰城である要害山城にしても規模は小さい。国の外から数万人規模の軍勢が攻めて来て、それを一万人規模の軍勢で籠城し反撃することを想定すると、もっと大きく堅牢な平山城が必要であった。

そこで勝頼が目を付けたのは韮崎の七里岩台地だ。台地の両側には釜無川と塩川が流れて急峻な斜面を形成しており、大軍で攻めるには韮崎から坂を上る以外の攻め口がない。台地の上は広い平地が取れるので屋敷を作ることも出来る。また二つの川は韮崎で合流するので、そこは舟運の拠点となり城下町が作れる。

天正九年（1581年）正月、勝頼は真田昌幸に新しい城の縄張りを命じた。築城に必要な材木は木曽から運ばせたという。城は同年十二月にあらかた完成し、駿河戦線から帰国した勝頼は慌ただしく躑躅ヶ崎館から韮崎の新しい城に引っ越しをしている。

旧甲州街道から七里岩台地を見上げる

新しい城は「新府城」つまり「新しい府中」と名付けられ、家臣団には正月を新府で迎えるように命じている。また商人にも「古府中」から「新府」に移るようにお触れを出し、家臣には古府中の屋敷を取り壊すように指示するなど、勝頼が新府城での治世刷新に賭ける思いが伝わって来るエピソードだ。

では新府城を訪問してみよう。七里岩の地形を考えると韮崎駅で降りて七里岩台地を上るしかないと思いきや、中央本線は韮崎を出ると七里岩台地を小淵沢へ向けて上っており、新府城の近くを通っている。最寄り駅はその名も「新府」。さぞ立派な駅と思いきや、25‰の坂の途中に簡素なホームがあるだけの無人駅で、待合室も駅前広場も商店街もない。

駅から畑の中を行くこと10分ちょっとで新府城の上り口に着く。南大手門跡から山を巻くようにして上るルートで新府城の本丸を目指す。遊歩道を少し上った左手に大手門の遺構があり、案内板が整備されている。大手門があった場所の後ろには大規模な枡形虎口、門の前には丸馬出が広がっており、丸馬出の下は三日月堀

南大手門の枡形虎口。三日月堀と丸馬出と二重の枡形虎口で防御

となっている。丸馬出の左右にも小さな枡形虎口があり、大手門を突破するには何重もの虎口を一つ一つ潰して行く必要があり、非常に堅牢な造りだ。

　大手門があった場所に立つと正面に甲府盆地が見下ろせ、その向こうには富士山が雄大な姿を現している。新府城は城の構造が優れているだけでなく、国中が見渡せる甲斐国府としての立地の良さ、また為政者の館としての城からの景色の見事さも非常に優れている。

　大手門を後にして遊歩道を上る。「東三の丸↑」と「西三の丸↑」の看板が出ているが、看板の背後は藪になっているので下手に進入しないほうが無難そうだ。続いて「二の丸↑」の看板があり、後ろに小路が見えているので行ってみる。二の丸は広場と周りを囲う土塁の痕跡が残っている。登城路は少し曲がっていて、本来は馬出や虎口があった筈だが、藪になっているのでよく分からない。

　二の丸から引き返して本丸を目指す。本丸手前に「蔀《しとみ》の構《かまえ》」という看板が出ているが、これは本丸の中が見通せないようにする

大手門からの眺望。正面に甲府盆地、遠くに富士山

植え込みの工夫だそうだ。

本丸は非常に広々としており、甲斐国府として大規模な屋敷を築く計画だったのがその広さからでも分かる。本丸敷地内に新府藤武神社と武田勝頼公霊社が置かれており、長篠陣没者慰霊の碑などが点在している。本丸から搦手の方角を見ると、遠くに八ヶ岳赤岳が夕日の中に輝いていた。大手には富士山、搦手には八ヶ岳と実に雄大な景色である。

次は城の搦手側を見てみたいが、道が分からないので一旦本丸横の急な石段を下りて城の外に出る。搦手に回り込むと農道らしき道があり、城山の際には堀と出構えの跡があった。東出構と看板が出ている。堀の先にもう一つ出構えの跡があり、西出構と看板が出ている。その奥に道らしき踏み跡を見つけたので、西出構の土手を上って入ってみる。小道をゆるゆると上って行くと、先ほど通った二の丸に出た。意外な道を発見して楽しくなったついでに、二の丸から西の区画を探索する。すり鉢状の井戸の跡や、その先には木橋の橋台の跡が見える。そのまま進むと搦手口の乾

本丸跡は広場となっている

門跡に出た。一之門と二之門の二重構造で、両方の門に桝形虎口が備わる食い違い虎口は堅牢な造りだったことが窺える。一之門の枡形虎口は七里岩台地の縁に位置しており、遥か下に釜無川が見える。竪堀の跡なのか自然の地形なのかは分からないが、どちらにせよ釜無川側は急峻で攻め上るのは難しそうだ。

乾門跡を出ると農道と駐車場があり、城の搦手の構造の解説板があった。搦手側の地形はさほど険しくないが、東出構〜東堀〜西出構〜中堀〜折れ（横矢とも言うらしい）〜西堀と続く防御線と、それぞれの堀の前の湿地帯によりガードされている。

新府城の防御設備をおさらいすると、南の大手口は三日月堀と丸馬出に加え、大手門前後の複数の桝形虎口で守備した上で、本丸までの間にも何層かの防御施設を配置。北の搦手口は堀と出構えを張り巡らせた上で、乾門の二重の枡形虎口で防御。西の釜無川方の斜面はほぼ断崖絶壁で上れない、東の塩川方の斜面も急峻で、今でこそ神社の石段があるが往時はそのようなものが存在する筈もなく、容易には攻め上れない。

搦手側の乾門跡にある食い違い枡形虎口の遺構

この素晴らしい新府城だが、武田勝頼はそこには僅か一月半しか居られなかった。天正九年十二月二十四日に新府城入りして正月を迎えた勝頼だったが、木曾義昌が織田方に寝返ったとの一報により翌天正十年の二月二日に上原城に向けて出陣している。しかし木曽路は鳥居峠の戦いに敗れ、伊那路も高遠城まで退却、更に駿河路は穴山信君の寝返りにより徳川家康が駿府城に入る事態となる。国土防衛の戦線が崩壊した勝頼は二月二十八日には上原城から新府城に帰還している。その際の勝頼の手勢は、逃亡が相次いだため千人程度まで減っていたという。

三月二日に高遠城が落城すると、新府城では規模が大きすぎて、僅か千人の手勢では防御出来ないことを悟る。翌三月三日には新府城に自ら火をかけて、都留郡の岩殿城を目指し逃れて行く。勝頼のその後については次の章で触れる。

新府城は悲運の城だが、優秀な造りであったことは同年の秋に徳川家康の手によって証明される。本能寺の変後、甲斐国に徳川家康と北条氏直の両軍が乱入する天正壬午の乱が発生、徳川勢は

搦手側は水堀と出構えで防御を固めている

新府城、北条勢は若神子《わかみこ》城に陣を敷いて対峙。数は北条勢が勝っていたが、堅牢な新府城に陣を敷く徳川勢を攻めることは出来ず、三カ月の睨み合いの末、北条勢は軍を引いている。

天正壬午の乱は甲斐国と信濃国を手中にした徳川勢の優勢勝ちという結果となったが、もし徳川勢が陣を敷いたのが平地の甲府だったとしたら、また違う結果になったのではないかと、後世の歴史好きの勝手な想像は止まることを知らない。

✧新府城データ

- 天正九年（1581年）築城開始、縄張りは真田昌幸が担当。同年十二月より新府城への移住開始
- 天正十年（1582年）三月、織田徳川連合軍が武田領に侵攻。武田氏自ら城に火を放ち退去
- 城主　武田勝頼

搦手側の中堀付近から八ヶ岳（赤岳）を望む

招かれざる城・甲斐国岩殿城（勝頼三十七歳）

訪問日　2021年2月3日

織田・徳川の大軍が木曽路・伊那路・駿河路の三方面から信濃国・甲斐国に乱入したことで、新府城では守り抜けないことを悟った勝頼だが、どこに落ち延びるかは、残った武田家臣団を二つに割っての白熱した議論になったと伝わる。

この時点で弟の仁科盛信は高遠城で壮絶な戦死を遂げ、従弟の武田信豊（信繁の次男）は鳥居峠の戦いに敗れて信濃国小諸城に逃れている。春日信達（高坂昌信の名で知られる春日虎綱の次男）は対北条氏最前線の駿河・沼津三枚橋城から退き、元々領地があった信濃国海津城に入り再起中という状況であった。勝頼に従っており、かつ領内に堅牢な城があるという条件に適うのは、信濃国小県郡と上野国吾妻郡を領地とする真田昌幸と、甲斐国でも一番東に位置する都留郡を領地とする小山田信茂の二人である。

大月の市街地から眺める岩殿山

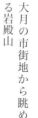

真田昌幸は上野国吾妻郡岩櫃城への退避と、越後国の上杉景勝や北関東の佐竹氏・宇都宮氏との連携を進言。一方で小山田信茂は笹子峠を越えた甲斐国都留郡岩殿城への退避と、勝頼正室の実家である北条氏との連携を進言したという。

結果として勝頼は、側近の長坂釣閑斎の進言もあって岩殿城への退避を決断。小山田信茂は受け入れ準備と称して主城の都留郡谷村城に急ぎ戻り、勝頼一行は後から退避することとなった。しかし小山田信茂は結局勝頼から離反し、勝頼は招かれざる客となったわけだが、ではその「招かれざる城」岩殿城とはどんな城だったのか、訪問してみたい。

岩殿城は猿橋と大月の間の桂川沿いの岩殿山にあり、対岸の甲州街道や中央本線の車窓からよく見える。桂川に面した南斜面は鏡岩と呼ばれる一枚岩の断崖絶壁になっており、高さは約150mある。この岩は上ることが出来ないので、岩櫃城へのアプローチは岩殿山を半周回り込んだ北斜面からとなる。

大月駅を降りて桂川に架かる高月橋を渡り、岩殿山の裾野に取

岩殿山の登山道。かなりの急斜面だ

り付くとやや急な上り坂で高度を上げて行く。途中に強瀬登山口、岩殿登山口という登山道の階段があるのだが、どちらの道も法面崩壊のため頂上までは入れない。そのまま国道139号線を40分程歩き、畑倉登山口から山頂の岩殿城跡を目指す。

岩殿山の登山道は細い土道や土の階段で構成され、ハイキングコースのような道だ。冬の午前中なので北斜面の土道は霜柱が立っており、歩くとサクサクという独特の音がする。その感触が何故か懐かしくて楽しい。

徐々に気温が上がって来た。冬だというのに少し上ると汗が出てくる。登山道は中腹から上はつづら折りの急坂となり、平らな場所は一切ない。時々立ち止まって休むが、傾斜が急なのでふくらはぎは常に伸びたままである。それではと振り返ってふくらはぎを休めると、結構な急斜面で目が眩みそうだ。こんな場所ではあまり振り返ってはいけないらしい。

そのまま登山道を上ると、突如テレビ電波中継基地の大きな人工物が目に入る。若干興醒めではあるが、急峻な山城の一角にテ

岩殿山からの富士山の眺め

レビ電波中継基地があるというパターンは結構多い。山城はその性格からして、複数の方角に遠くまで見晴らしがきくような山に立地することが多い上、居住空間だった平地まで備わっている。元の城下町や周囲の農村一帯にテレビ電波を届ける為には、山城の本丸跡など絶好の場所なのだ。

岩殿山の頂上から南斜面を見渡してみる。山の向こうには富士山が見えており、これは絶景だ。すこし下を見ると、桂川を挟んだ対岸には中央本線の線路が通っており、大月駅の構内まで見渡せる。これまた絶好の電車ウォッチング場所だ。そして真下だが、岩殿山の山頂は高さ約150mの鏡岩の上に位置するので、これを見るのは少々勇気が要る。私は高所恐怖症の気があるので、断崖絶壁の上とか高石垣の縁とかはやや苦手である。それでも山城に上ってしまうのは歴史好きの性で、行ってみたいという欲が、恐怖心に打ち勝っているのだろう。

さて、この岩殿城だが、仮に小山田信茂の支援で勝頼一行がここに立て籠もったとして、どの程度戦えたのだろうか。岩殿山は

眼下には桂川の流れ。斜面の端に寄り過ぎないように注意

急峻そのものだし、城の規模は小さいので少人数でも守備は出来るのだろうが、防御施設の掘割や馬出などはあまり目立たず、「名城」と呼ばれた他の山城、例えば遠江国の高天神城などと比べると、あまり長期間の防衛戦に向いているとは思えない。むしろ織田・徳川方の補給線を笹子峠の東まで思い切り伸ばした上で、都留郡一帯で小山田氏がゲリラ戦を仕掛けて抵抗し、岩殿城には手出しさせないというのが本来想定した戦い方だったように思う。

また岩殿城から桂川沿いに進むと津久井方面から相模国へ逃れることが出来るし、葛野川を遡れば小菅村を経て武蔵国の奥多摩へ逃れることも出来る。逆に、両方の道から北条氏の軍勢の姿をちらつかせる、という戦い方も考えられる。岩殿城に落ちることを決断した戦略的な意味は、案外そんな所ではなかろうか。

同じ戦い方は上野国岩櫃城でも出来た筈だが、「真田と小山田、家臣としてどちらが頼りになるか」ではなく「上杉と北条、最終的にどちらを頼るか」が「岩殿城か岩櫃城か」の論争の本質なのかもしれないが、これは後世の歴史好きの想像に過ぎない。

右手の川の対岸に大月駅と市街地を見下ろす

現実世界に戻ろう。岩殿城には30分程滞在した。景色が良かったのもあるが、大月駅を発着する電車を見たり写真を撮ったりしていたら、全く飽きなかったというのが本当の所である。

さて、城からの下り道だが、変に別の道を探すことはせず、先ほど上って来た畑倉登山道を戻る。小さいながらも山城なので、山頂付近には防御のための竪堀の跡が点在しており、そこに転げ落ちたりすると二度と出られなくなるので好ましくない。

先ほど汗をかきながら上ったつづら折りの急坂を慎重に下りる。柵など一切ないし、足を滑らしたら急斜面を滑落するしかない。霜柱をサクサク踏み鳴らしながら上った一帯は、気温が上がって霜柱が解けだしていて、ぬるぬると滑る。頂上では沢山写真を撮ったが、登山道では写真を撮る余裕などない。

たっぷり肝を冷やしながら山道を下りて、国道に戻った時には今度は冷や汗をかいていた。汗が乾きやすいアンダーシャツも、脇の下を滝のように流れ落ちる冷や汗には効果はないようであった。

左手の川の対岸、猿橋駅方面を望む

✧岩殿城データ

■天文年間（1530年代）小山田氏もしくは武田氏により築城

■天正十年（1582年）三月、小山田信茂は降伏し織田氏に出仕するも、甲斐善光寺で処刑される

■同年六月、本能寺の変を受けて天正壬午の乱が勃発。北条家臣の津久井城主の内藤綱秀が制圧

■同年十月、北条氏と徳川氏の和議成立。甲斐国は徳川領となり、都留郡は徳川家臣の鳥居元忠に与えられる

甲州街道から桂川と岩殿山を望む

終焉の地・甲斐国田野(勝頼三十七歳)

訪問日　2023年5月5日

新府城から岩殿城へ落ちることを決断した勝頼だが、甲陽軍鑑などの書き物では、勝頼とその一行が日川沿いの鶴瀬に逗留して笹子峠越えの迎えを待っていたところ、小山田信茂が離反して笹子峠を封鎖し、鉄砲を撃ち掛けたという。行き場を失った勝頼は日川沿いを遡るしかなく、田野の地で嫡男・信勝に家督を譲り、最後の戦いを迎える。今回はその田野を訪れる。

田野は中央本線の甲斐大和駅から2・5km程の道程で、その気になれば都内から3時間で行ける。自宅を8時半頃にのんびり出て、中央線快速に乗り高尾へ、高尾9時57分発の松本行きに乗ること1時間、甲斐大和駅には11時03分に到着した。いつものことながら中央本線の普通列車は景色が良いし、速い。

甲斐大和駅のホームに降りると「武田家終えんの地」の看板が

田野・景徳院の山門

目に入る。駅は無人駅になっており、簡易型自動改札機にSuicaをかざして降りる。駅を出ると大きな観光案内図があり、周囲の名所とハイキングコースが載っている。

日川を遡って田野へ行く前に一旦下流方向に向かい、旧甲州街道の鶴瀬宿の近くにある「武田勝頼公腰掛石」を目指す。田野の地を訪問するにあたっては、是非ここを起点にしたかったのだ。甲斐大和駅から1km程の道程である。

大和の集落の坂を下りて国道20号線に出ると、連休中だからか交通量が多く渋滞している。渋滞の排ガス攻撃には辟易するが、それも束の間、脇道に入って勝頼公腰掛石に到着する。高さ20cmほどの特にどうということはない石なのだが、笹子峠を封鎖されて進退窮まった勝頼がこの石に腰掛けたという伝説が残っている。うっすらと武田菱の模様があるといわれており、凝視しているとそんな気もしてくる。勿論、この石に試しに座ったりしてはいけない。

勝頼はどのくらいこの地に滞在して逡巡したのだろうか。私は

鶴瀬宿近くにある武田勝頼公腰掛石と標柱

数分の滞在で、逡巡することなく田野へ向けて歩き出す。甲斐大和駅まで戻り、跨線橋を渡った広場の傍らに武田勝頼公之像が建っている。武田菱をあしらった甲冑を付け、右手に軍配、左の腰には太刀を下げた勇壮な姿で、目を見開いた凛々しい表情は、田野へ落ちる際の顔ではなく、合戦の指揮を執る総大将の顔だ。

広場を後にして坂を上る。田野方面への分岐道までは国道を避けるルートを通ったが、これが一旦急坂を上って、沢を渡るとまた急坂を下りる険しい道だった。国道沿いを歩いたほうが楽だし速い。景徳院入口の交差点で国道20号線から分かれ、日川沿いの県道へと歩を進める。日川の谷の対岸には新笹子トンネルを目指す国道20号線が見えている。笹子峠を横目にしながら、日川沿いの道を進む勝頼は、どのような心境だったのだろうか。

甲斐大和駅から25分程で四郎作古戦場跡に着く。道の左手に大きな石碑があり、伝承によると、武田家重臣小宮山昌友の長男であり、当時蟄居の身に在った小宮山内膳友晴は、主君・勝頼の危急を知り一行に合流、この地に陣を敷いて敵を防いだという。幕

四郎作古戦場跡の石碑

末の水戸藩の学者・藤田東湖《とうこ》が、小宮山内膳の忠義を武士道の誉れとして称えたことで有名となった。

日川を橋で渡り、3分程上ると右手に鳥居畑古戦場の石碑がある。土屋昌恒ら、勝頼と最後まで共にした四十三人がこの地で武田家最後の戦いを行い、織田方の滝川一益と河尻秀隆が率いる四千の軍勢を相手に討ち死にを遂げた場所である。先ほどの四郎作とこの鳥居畑、日川の両岸に陣を敷いていたことが分かる。

鳥居畑古戦場から更に3分程上ると、正面に景徳院が見えてきた。左手の日川沿いに姫ヶ淵の石碑がある。勝頼夫人に従って来た侍女十六人が日川に身を投げた悲劇の地といわれ、思わず手を合わせる。

景徳院の石段を上り、山門をくぐった右手が武田勝頼の廟所だ。まず目に入るのが北条夫人の辞世の句を刻んだ石碑。脇の標柱には勝頼公、北条夫人、信勝公、それぞれの辞世の句が刻まれている。

武田家最後の戦い、鳥居畑古戦場の石碑

おぼろなる　月もほのかに　雲かすみ
　晴れて行くへの　西の山端　　勝頼公

黒髪の　乱れたる世ぞ　はてしなき
　思ひに消ゆる　露の玉の緒　　北条夫人

あだに見よ　誰も嵐の　さくら花
　咲き散るほどの　春の夜の夢　信勝公

辞世の句からは、武田家の維持に苦悩した勝頼、実家である北条家と手切れとなって、戦乱の世に翻弄されながらも最後まで勝頼に従った北条夫人、今回が初陣となり、花のように咲いて散る若武者の信勝、それぞれの祈りが伝わってくる。

勝頼と北条夫人の生害石は隣り合った場所に、信勝の生害石はそこから90度回った場所にあった。境内には最後まで従った家臣や侍女の墓もあり、皆ひっそり静かに眠っている。

景徳院の境内。勝頼公、北条夫人、信勝公の生害石が並ぶ

境内から山道を下りると没頭地蔵尊もあり、これは首級を取られて首がなかった勝頼、北条夫人、信勝の無念さを偲んで地元の人が安置したものだそうだ。重臣や一門衆にまで背かれた勝頼であったが、最期の時は家族が手と手を取り合い、共に迎えたというのはとても感慨深い。

✧景徳院データ

■天正十年（１５８２年）七月、甲斐国に入った徳川家康の命により創建

初代住職は小宮山内膳友晴の弟である拈橋《ねんきょう》倀因《ちょういん》

勝頼公、北条夫人、信勝公を安置した没頭地蔵尊

❖武田勝頼タイムトラベル　概略図

あとがき

気軽な気持ちで始めた甲州街道の旅だが、歩けば歩くほどに周囲の史跡に惹かれ、本編（第一章）に加え、番外編的に第二章から第四章の取材を始めた。甲州街道を通して歩くのに費やしたのは2022年9～12月に掛けて計7日間、第二章以降は2023年2～8月に掛けて計8日間であった。滝山城と岩殿城は以前に訪れた時の記録で、それを加えると計10日間となる。

これほど甲州街道に惹かれたのは、街道歩きの魅力と景色の良さに加え、鉄道ファンとしては中央本線の魅力、歴史ファンとしては新選組と武田勝頼の魅力が合わさっての事だ。

今回の旅は全行程が都内からの日帰りで成り立っている。少し早起きをすればこのような旅は誰にでも出来るのである。もし読者の方が同じ旅をしてみたいと思ったら、身構えずに一歩目を踏み出してほしい。但し水と非常食はお忘れなく。

この風景も都内からの日帰り圏内にある。諏訪・橋本政屋

■参考図書

●ガイドブック

『ちゃんと歩ける甲州街道　甲州道中四十四次』
著者：五街道ウォーク・八木牧夫
刊行：山と渓谷社、2015年10月25日

●地形について

『地形で解ける！　東京の街の秘密50』
著者：内田宗治
刊行：実業之日本社、2016年6月10日
『地形と地理で解ける！　東京の秘密33　多摩・武蔵野編』
著者：内田宗治
刊行：実業之日本社、2018年11月11日
『地図で読み解く東京』
監修：岡田直
刊行：三才ブックス、2021年11月10日

●新選組関連の歴史小説

『幕末新選組』新装版
著者：池波正太郎
刊行：文藝春秋、2004年1月10日

『燃えよ剣』文庫版　上下巻
著者：司馬遼太郎
刊行：新潮社、1972年5月30日・6月15日

●多摩の鉄道について

『多摩の鉄道沿線　古今御案内』
著者：今尾恵介
刊行：けやき出版、2008年7月28日

●武田勝頼関連の歴史小説

『武田家滅亡』文庫版
著者：伊東潤

刊行：角川書店、２００９年12月25日

『武田勝頼』新装版（一）陽の巻（二）水の巻（三）空の巻

著者：新田次郎

刊行：講談社、２００９年９月15日

■白地図素材出典元

ウェブ白地図専門店　三角形　無料の白地図データ

https://www.freemap.jp/

■その他

沿道の状況や鉄道・バス時刻等は旅行日時点の情報を記載

山本　理（やまもと　おさむ）

1974（昭和49）年　東京都生まれ。

慶應義塾大学卒業、在籍中は鉄道研究会に所属。

平日は会社員、休日は歴史探検と鉄道の趣味活動に加え、草野球と家での夕飯作りに精を出す、ごく普通のお父さん。著書に『東海道五十三次てくてく歩き』（東京図書出版）がある。

甲州街道てくてく歩き

2025年4月12日　初版第1刷発行

著　　者　山本　理
発 行 者　中田典昭
発 行 所　東京図書出版
発行発売　株式会社 リフレ出版
〒112-0001　東京都文京区白山 5-4-1-2F
電話（03）6772-7906　FAX 0120-41-8080
印　　刷　株式会社 ブレイン

ISBN978-4-86641-846-9 C0095
Printed in Japan 2025